Wandern von Oberstdorf und Sonthofen bis Bad Hindelang

Bildband 48 Touren im Allgäu
Johann Schubert (primapage)

Impressum

Bibliografische Information der Deutschen Nationalbibliothek:

Die Deutsche Nationalbibliothek verzeichnet diese Publikation in der Deutschen Nationalbibliografie; detaillierte bibliografische Daten sind im Internet über dnb.dnb.de abrufbar.

Johann Schubert
Am Ostrachdamm 11
87527 Sonthofen

Website: primapage.de
E-Mail: schubsinf@gmail.com
Telefon: 08321 780 8 743

Text, Fotos, Layout: Johann Schubert
Alle Rechte liegen beim Autor

© 2019 Schubert, Johann
Herstellung und Verlag:
BoD – Books on Demand, Norderstedt.
VS-2B ISBN: 9 783749 498307

Bilder auf dem Einband

VORDERSEITE:
Bad Hindelang, Hinterstein
Ausblick vom Aussichtsort Köpfle
über das Ostrachtal

RÜCKSEITE:
Obermaiselstein
Ausblick vom Besler in das Illertal
und auf die Oberstdorfer Berge

Wandern von Oberstdorf und Sonthofen bis Bad Hindelang

Bildband 48 Touren im Allgäu
Johann Schubert (primapage)

(1) Oberstdorf, Fischen, Obermaiselstein
(2) Naturpark Nagelfluhkette, Gunzesried
(3) Bad Hindelang, Tannheim
(4) Sonthofen, Burgberg

Vorwort

Der Bildband hilft beim Finden beglückender Wanderungen im Allgäu. Anstelle vieler Worte sprechen die Fotografien des Autors für die Landschaften.

Die 48 Wandertouren mit mehr als 250 Bildern zeigen den Charakter der Landschaften der Regionen Oberstdorf, Naturpark Nagelfluhkette, Sonthofen und Bad Hindelang.

Bereits beim Auswählen der Touren schenkt der Bildband Vorfreude. Bei dem, der das Allgäu kennt, wecken die Fotografien angenehme Erinnerungen.

Die Übersichtskarten und Infos über Beginn, Tourenstrecke, Dauer, Länge, Höhendifferenz und Leistungsbedarf der Wanderungen helfen beim Planen und Vergleichen der Touren.

Der Leistungsbedarf ergibt sich aus einem Punkt je

1 Kilometer Wanderstrecke,
30 Minuten Gehzeit und
50 Meter Höhendifferenz.

Zum Beispiel: Leistungsbedarf 21 =
3 Stunden Gehzeit x 2 = 6 Punkte
9 Kilometer Länge x 1 = 9 Punkte
310 Höhenmeter x 0,2 = 6 Punkte

Jede Tour im Bildband verweist zum Wanderbericht in das Internet mit weiteren Bildern, Alben und Infos. Die Verweise zum Klicken (Links) listet die Webseite primapage.de/link.

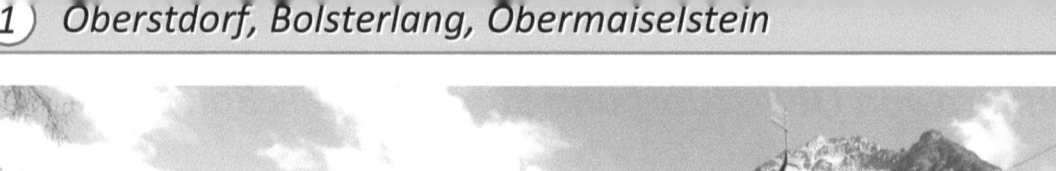

Bild: Blick von der Kapelle an der Gaisalpe auf Nebelhorn und Rubihorn

Touren-Verzeichnis und Leistungsbedarf

Tour 1a: Von der Sonnenklause, Sonthofen beginnt die kürzere Tour auf der Almstraße in Richtung Sonnenkopf hoch zum Panoramaweg.

Tour 1b: Von Schöllang, Oberstdorf geht es erst auf der Straße, dann beschildert links zum Eybachtobel. Hier dem Uferpfad folgen.

Links über die Brücke wird nach wenigen Minuten der Tobelweg rechts gewählt. An der Almstraße geht es erst kurz nach rechts und dann links hoch zum Sonnenkopf. Bis zum Falkenjoch haben beide Touren die selbe Strecke.

Die Tour 1a zweigt rechts ab - vorbei an der Entschenalpe - zur Sonnenklause.

Die Tour 1b führt über die Gaisalpe durch den romantischen Gaisalptobel nach Reichenbach und auf dem Wanderweg nach Schöllang.

Oben: Blick über den Falkensattel zum Entschenkopf
1: Blick Oberer Kohlersberg - Sonnenkopf
2: Am Sattel zwischen Heidelbeerkopf und Schnippenkopf zum Großer Daumen

3: Schnippenkopf Blick Sonthofen, Burgberger Hörnle
4: Beim Abstieg der Blick zurück zum Schnippenkopf
5: Rückblick über den Falkensattel zum Großer Daumen

Der Aufstieg über die "Schöne Aussicht" und weiter auf der Almstraße ist 20 Minuten länger aber aussichtsreicher als der übliche Weg auf der Gaisalpstraße. Ab der Gaisalpe führt der Bergpfad vorbei an der Rubihütte zum Falkenjoch.

Der ebene Sattelpfad mündet in den Aufstieg zum Entschenkopf. Der Steig ist, bis auf eine kurze Kraxelei über eine griffige Felswand, gut angelegt.

Vom Entschenkopf und am langen Kammsteig bis zum Am Gängele gibt es schöne Ausblicke in das Rettenschwangertal und in die Allgäuer Bergwelt.

Nach dem leichten Klettersteig geht es vorbei an den Gaisalpseen. Es lockt die Einkehr in die Untere Richteralpe oder Gaisalpe. Abwärts durch den kühlen Gaisbachtobel oder gleich lang über die Almstraße endet die Tour.

Oben: Falkensattel Beginn Aufstieg Entschenkopf
1: An der Felswand führt rechts der Steig empor
2: Blick zur Rotspitz beim Aufstieg zum Entschenkopf
3: Vom Entschenkopf Blick zum Nebelhorn (Bildmitte)
4: Blick auf den Grat zwischen Entschenkopf und Am Gängele
5: Vom Gratsteig Blick über Unterer Gaisalpsee auf Gaisalp- und Rubihorn

Von der Almstraße zur Gaisalpe zweigt nach wenigen Minuten der Weg in den sehenswerten Gaisalptobel ab. Alternativ auf der Straße dauert die Wanderzeit zur Alpe gleich lang.

Ab der Untere Richteralpe führt der Weg gut gesichert zum Gaisalpsee. Hier steigt der Bergpfad hoch zum Sattel zwischen Gaisalphorn und Rubihorn. Rechter Hand wird in wenigen Minuten das Rubihorn erreicht. Der Rückweg führt über das Niedereck und den Roßbichl zur Vordere Seealpe an der mittleren Bergstation der Nebelhornbahn.

Weiter geht es die Schanzenstraße hinab zum Wallrafweg. Hier lädt das Cafe Breitenberg zur Rast ein. Vor der Gaisalpe zweigt links der Weg ab zur Gaisalpstraße und zum Parkplatz.

Oben: Nahe Unterer Gaisalpsee Blick auf Gaisalphorn
1: Kapelle an der Gaisalpe
2: Wasserfall am Abfluss des Unterer Gaisalpsee
3: Blick Gaisalphorn, Unterer Gaisalpsee und Wasserfall
4: Aufstieg vom Unterer Gaisalpsee zwischen Gaisalphorn und Rubihorn
5: Bergblick vom Sattel nahe Rubihorn

Vom Tennisplatz führt der Weg zum Illerdamm und weiter am Ufer Richtung Illerursprung. Vom westlichen Aussichtsplatz führt nach wenigen Minuten der Weg unter der B19 und dem Kreisel Walserstraße Richtung Oberstdorf.

Beim zweiten Kreisel geht es auf der Straße Richtung Rubi. Beim alternativen Start am Kreisel ist die Tour zum Illersteg halb so lang.

Über die Brücke geht es links an der Trettach zur östlichen Aussicht Illerursprung. Ein Kunstwerk bildet die Quellflüsse Trettach, Stillach und Breitach symbolisch als Frauen ab.

Nahe am Illersteg Richtung Rubi lockt eine Bank am Wegekreuz zum Ausblick auf Rubi und Oberstdorf. Über den Illersteg und Langenwang oder nach Oberstdorf endet die Tour.

Oben: östlicher Aussichtsplatz Illerursprung - Flüsse
von links Trettach, Stillach, Breitach
1: Am Parkplatz Freibad, Blick Fischen und Grünten
2: Nahe Illerbrücke und Rubi Blick nach Oberstdorf
3: Illerbrücke Blick über Iller zum Widderstein
4: Aussichtsplatz Illerursprung: Kunstwerk Frauen
als Symbol der Flüsse
5: Rückweg von der Illerbrücke nach Langenwang

Die Tour von Spielmannsau zur Kemptner Hütte und zurück folgt dem Europäischen Fernwanderweg fünf. Am Knie, auf halbem Weg zur Hütte, steht die Kapelle Ave Maria anstelle der Kapelle von 1665 am Wallfahrtsweg vom Lechtal in Tirol zur Kapelle Maria Loretto in Oberstdorf.

Nach über drei Stunden auf stark frequentiertem Weg lohnt die Einkehr in die Kemptner Hütte mit schönem Blick von der Terrasse.

Hinter dem Haus beginnt die kurze Rundtour auf der Almstraße.

Weiter "Auf den Wänden" auf kaum besuchten Wegen über Almwiesen zeigen sich neugierige Murmeltiere.

Alternativ führt ein Pfad zum nahen Mädelekopf.

Oben: Auf den Wänden nahe Mädelekopf Blick auf Muttler- und Großer Krottenkopf
1: Wasserfälle am Sperrbach
2: Am Knie Kappelle Ave Maria
3: Aussicht von der Kemptner Hütte auf Muttlerkopf
4: Auf den Wänden Muttler- und Großer Krottenkopf
5: Blick von der Haltestelle Bus in Spielmannsau ins Trettachtal zur Mädelegabel

Mit dem Bus morgens nach Spielmannsau und abends zurück von der Alpe Eschbach, Birgsau gelingt eine Tagestour über Mädelegabel und Waltenberger Haus nur mit guter Kondition.

Auf der Kemptner Hütte übernachten teilt die Tour auf zwei Tage. Nach drei einviertel Stunden auf dem Europäischen Fernwanderweg fünf wird die Kemptner Hütte erreicht.

Zur 2.645 Meter hohen Mädelegabel sind es über den Heilbronner Weg ebenfalls drei einviertel Stunden.

Ohne den Auf- und Abstieg mit 165 Höhenmeter zur Mädelegabel ist die Tour eine Stunde kürzer. Der Abstieg über die Bockkarscharte und das Waltenberger Haus nach der Eschbachalpe zum Bus endet nach vier Stunden.

Oben: Blick nahe Mädelegabel über den Kratzer zum Krottenkopf
1: Schwarzmilzsee
2: Bockkarspitze, Blick nahe Bockkarsattel

3: Kratzer Blick vom Heilbronner Weg
4: Blick zur Mädelegabel und Trettachspitze

Über das Moorbad auf dem Wanderweg von der Lorettokapelle oder vom Renksteg auf der Straße geht es ins Trettachtal. Nach der Brücke über die Trettach führt der romantische Dr.-Hohenadl-Weg am Oybach zum Oytalhaus.

Am Ende der Straße lädt die Käseralpe zur Einkehr ein. Dann geht es auf dem Steig, teils durch dichten Hangbewuchs, zum Älpelesattel.

Hier lockt der Abstecher Richtung Höfats zum - mit kleinem Kreuz markierten - Falkenberg. Weglos weiter zur Höfats sollten sich nur sehr erfahrene und trittsichere Bergsteiger wagen.

Zurück führt der Bergsteig vom Älpelesattel hinab zur Dietersbachalpe. Bis Gerstruben geht es bequem auf der Straße. Ins Trettachtal zeigen sich am Hölltobelweg imposante Wasserfälle.

Oben: Käseralpe, Blick auf Himmelhorn und Schneck
1: Auf dem Dr.-Hohenadl-Weg ins Oytal
2: Blick Höfats zwischen Käseralpe und Älpelesattel
3: Gelber Enzian nahe der Käseralpe
4: Blick von der Terrasse der Käseralpe
5: Gerstruben nahe der Kapelle
6: Wasserfall im Hölltobel unterhalb Gerstruben

Von der sehenswerten Lorettokapelle beginnt nach wenigen Minuten der Promenadenweg zum Heuweg. Inmitten von Wiesen schenkt er Ausblicke auf die das Tal umrahmenden Berge.

Beim Kreuz am Heuweg lohnt der Blick nach Osten zum Schneck. Bald wird durch den Wald der schöne Uferweg mit Rastbänken erreicht. Am Renksteg und an der Birgsauer Straße liegt je ein

großer Parkplatz mit Bushaltestelle. Alternativ wird hier die Wanderung gestartet. Die Birgsauer Straße verbindet den Start an der Lorettokapelle.

Bei einer geplanten Einkehr vor oder nach dem Wandern empfiehlt sich beim Fuggerhof am Heuweg zu starten. Denn von der Terrasse aus ist der Ausblick in die Bergwelt ein besonderes Erlebnis.

Oben: Uferweg, Renksteg über die Stillach
1: Die größte der drei Lorettokapellen
2: Am Wegekreuz Blick ins Oytal zum Schneck
3: Am Ufer der Stillach nahe dem Renksteg
4: Heuweg in Richtung Stillach
5: Ausblick am Promenadenweg am Fuggerhof

Der Besuch der stark besuchten Breitachklamm auf breitem Weg ist durchgehend mit Geländer gesichert. Nach der Klamm mit der tosenden Breitach und vielen Besuchern erfreut die Stille.

Bald nach der Grenze lädt in Vorarlberg das urige Waldhaus zur Rast ein. Später führt der breite Weg aus dem Tal nach Außerschwende mit Blick ins Kleinwalsertal und auf die Oberstdorfer Berge.

Von Außerschwende steigt sanft die Straße hoch zum gastlichen Alpengasthof Hörnlepass mit seinem sehenswerten Kräutergarten. Nach der Einkehr ist der Rückweg - vorbei an der Alpe Hinter der Enge - überwiegend auf bequemen Straßen mit den vielen Ausblicken ein besonderes Erlebnis.

Als Variante spart acht Kilometer wandern die Rückfahrt mit dem Bus.

Oben: Bild: Ausblick zwischen Hörnlepass und Osterberg-Alpe zum Elferkopf
1: In der Breitachklamm
2: In der Breitachklamm auf breitem, sicheren Weg
3: Waldhaus zur Einkehr im Breitachtal
4: Rückblick zum Eingang Breitachklamm
5: Terrasse Gasthof Hörnlepass Blick ins Kleinwalsertal

Vom Parkplatz führt rechts abwärts der Weg zur Almstraße. Über die Brücke, an der Herzbergalpe vorbei, wird leicht ansteigend die Schönbergalpe erreicht. Links abbiegend windet sich unter dem Beslerkopf der Steig nach oben.

Nach dem Einschnitt zwischen den Felsen wird der Weg ebener und der Blick frei auf den Besler und die Berge Oberstdorfs.

Bei der Weggabel geht es den Steig rechts zum Sattel hoch. Der Weg links führt zum Klettersteig auf den Besler. Auf dem Weg am Südhang wird sanft ansteigend der Besler erreicht.

Am Gipfelkreuz lockt alternativ der Abstieg über den gesicherten Klettersteig. Bequem zurück über die Weggabel dauert die Tour 30 Minuten länger. Vorbei an der Obere Gundalpe geht es ins Tal.

Oben: Blick vom Besler in die Allgäuer Bergwelt
1: Es zeigt sich die Schönbergalpe
2: Rückblick zum Aufstieg Richtung Westen
3: Am Ende der Beslerwände führt der Klettersteig zum Gipfel
4: Besler: Blick Rotspitz, Großer Daumen, Nebelhorn, Hochvogel
5: Rückblick zum Besler und Klettersteig

Am Parkplatz Kurpark beginnt der Rundweg sechs. Er biegt Am Goldbach rechts ab und mündet in die, vom Hirschsprung kommende Straße. Links zweigt an der Hütte ein Wiesenweg zum Wald ab. Er steigt hoch zum Sträßchen nach Jägersberg.

Die Straße führt Richtung Ochsenberg. In Ried weist die Markierung auf den Wiesenpfad nach Kapf. Im Wald geht es rechts hoch zur Judenkirche,

einem großen Felsbogen. Von den Bänken bieten sich schönen Ausblicke. Kurz ansteigend geht es bald hinab nach Tiefenbach. Bis zum Hirschsprung ist das Wandern auf den Straßen angenehm.

Beim Hirschsprung bietet sich links in Richtung Sturmannshöhle durch den Wald der Rückweg an. Vorbei am Restaurant Hirschsprungstuben endet die Tour beim Kurpark.

Oben: Kurpark Obermaiselstein Blick Nebelhorn und Rubihorn
1: Blick zurück Richtung Hirschsprung
2: Felsformationen Judenkirche nahe Jägersberg
3: Blick zurück auf Tiefenbach
4: Blick von Jägersberg auf Oberstdorf
5: Blick Richtung Hirschsprung vom Weg 5 nahe Tiefenbach

Oberhalb der Talstation beginnt der Waldweg nach Kirwang mündend in die Straße Angerweg. Nach der Straße Bergweg führt ein Wanderweg Richtung Kahlrückenalpe zum Panoramaweg.

Auf 1.455 Meter Höhe kann alternativ zum Rangiswanger Horn der Panoramaweg zum Weiherkopf gewählt werden. Das spart 60 Höhenmeter bei ähnlichen Ausblicken in die

Bergwelt. Jedoch ist der Gipfelweg bequemer. Auf dem Sattel zum Weiherkopf treffen sich beide Strecken. Bald geht es auf einer Almstraße aufwärts zum Weiherkopf.

Bänke laden zur Rast ein. Unter dem Gipfel - rasch erreichbar - lädt die Bergstation Hörnerbahn zur Einkehr. Die Hörnerbahn spart alternativ den Abstieg in das Tal.

Oben: Kurpark Bolsterlang Blick auf Weiherkopf und Rangiswangerhorn
1: Kirwang Blick Entschenkopf, Nebelhorn, Rubihorn
2: Pfad zum Rangiswangerhorn

3: Rastbank auf dem Weiherkopf, Blick zur Bergstation mit Bolsterlanger Horn
4:Panoramaweg Blick Sonthofen, Illertal, Grünten
5: Auf dem Rangiswangerhorn

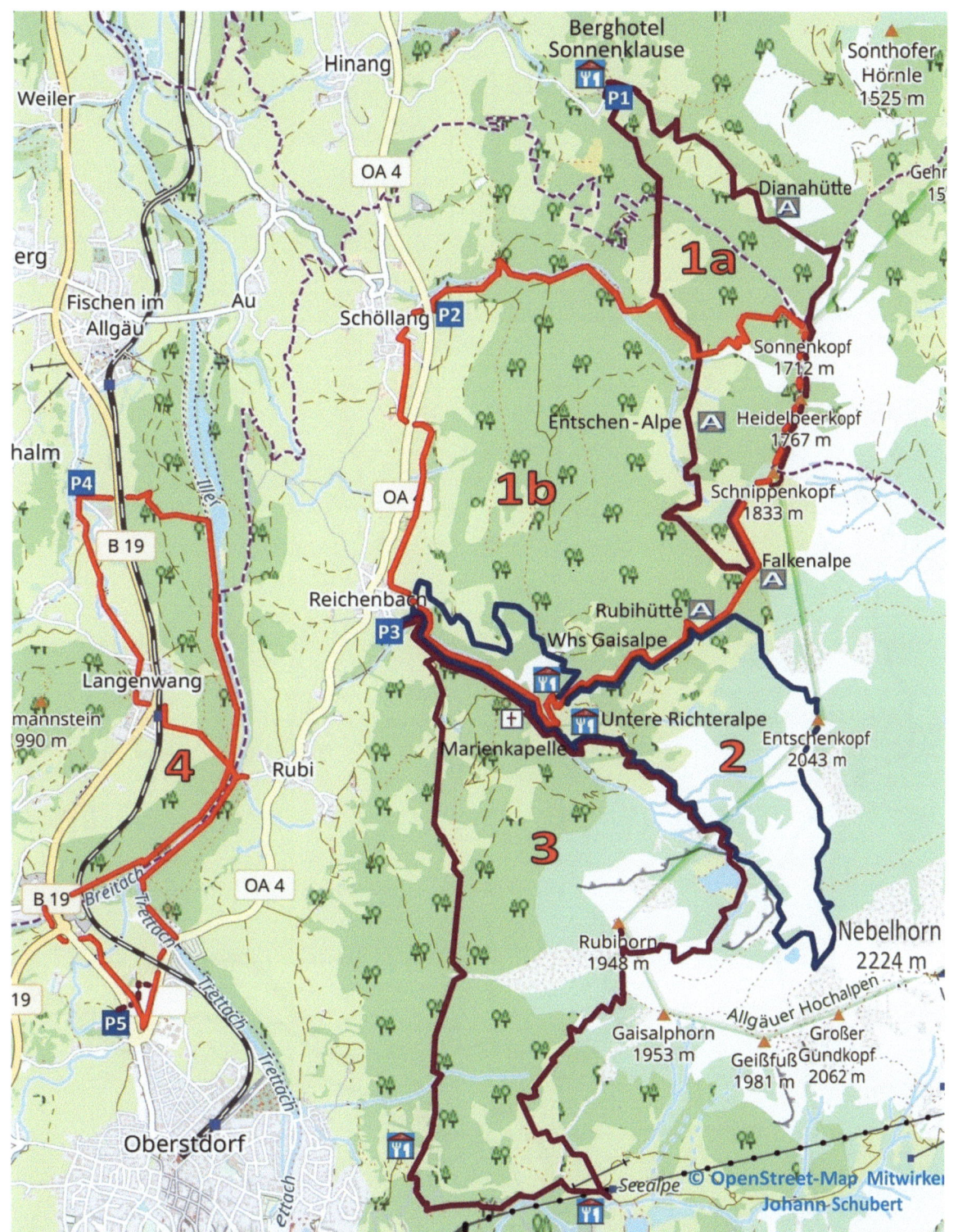

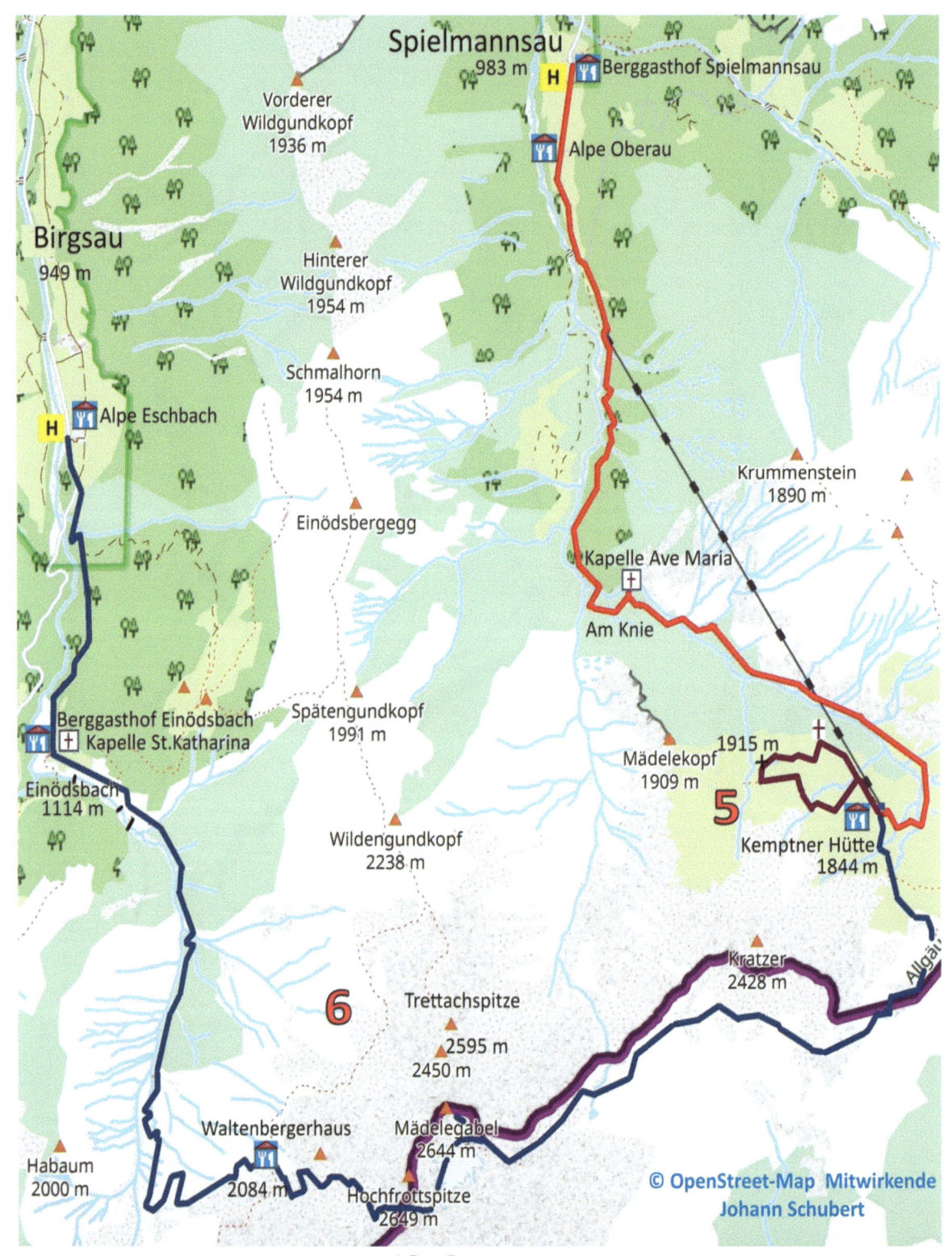

Spielmannsau 983 m

Berggasthof Spielmannsau

Alpe Oberau

Vorderer Wildgundkopf 1936 m

Birgsau 949 m

Hinterer Wildgundkopf 1954 m

Schmalhorn 1954 m

Krummenstein 1890 m

Alpe Eschbach

Einödsbergegg

Kapelle Ave Maria

Am Knie

Berggasthof Einödsbach
Kapelle St.Katharina

Spätengundkopf 1991 m

Mädelekopf 1909 m

1915 m

5

Einödsbach 1114 m

Wildengundkopf 2238 m

Kemptner Hütte 1844 m

6

Trettachspitze

Kratzer 2428 m

2595 m
2450 m

Waltenbergerhaus

Mädelegabel 2644 m

Habaum 2000 m

2084 m

Hochfrottspitze 2649 m

Allgäu

© OpenStreet-Map Mitwirkende
Johann Schubert

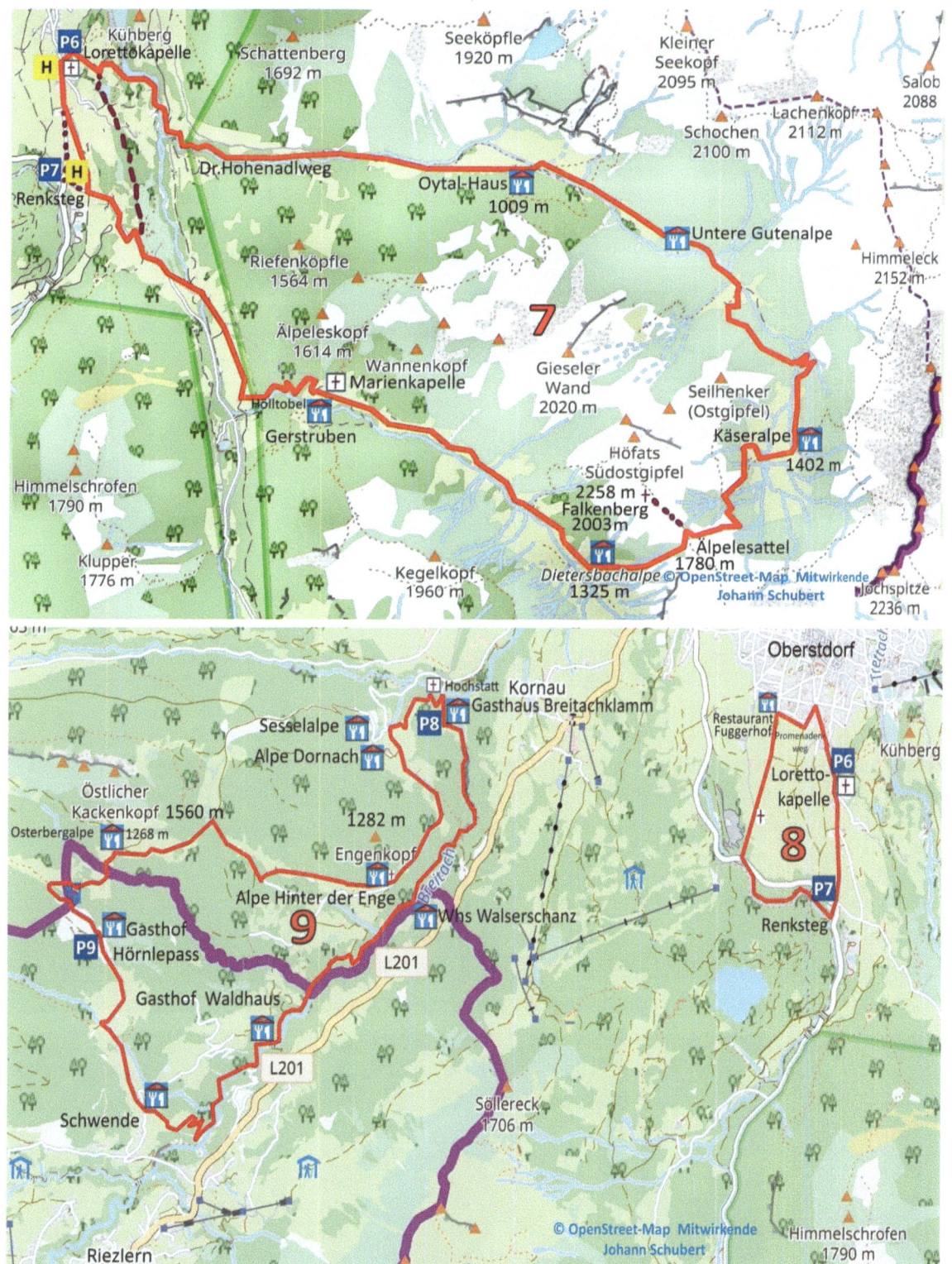

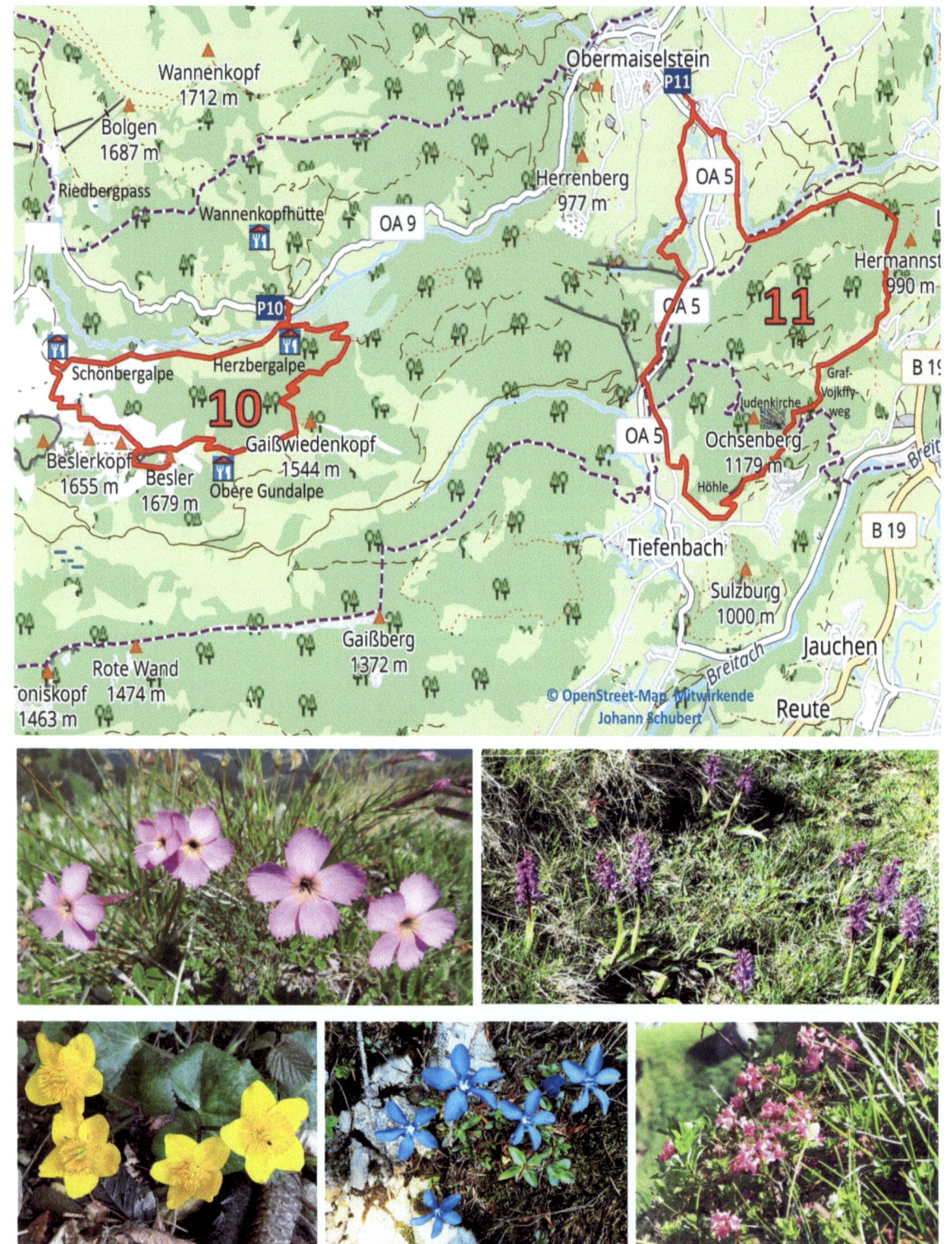

Beginn der Touren

Bild: Blick auf Siplinger Nagel beim Wandern zum Siplinger Kopf vom Aubachtal, Gunzesried

Touren-Verzeichnis und Leistungsbedarf

Seite	Tour	Titel Strecke	Stunden	km	Höhe m	Leistung
23	1	Alpe Eck - Ofterschwanger Horn	2,75	+7,1	+335	= 20
24	2	Gunzesried Säge - Ostertal-Tobelweg - Buhls Alpe	1	+3	+80	= 7
25	3	Gunzesried Säge - Ostertal - Ofterschwanger Horn	3,75	+10,6	+460	= 27
26	4	Ostertal - Rangiswanger Horn - Fahnengehren Alpe	4,75	+11,4	+620	= 33
27	5	Gunzesried, Aubachtal - Siplinger Nadeln - Siplinger Kopf	4	+8	+700	= 30
28	6	Scheidwangalpe - Hochgrat - Brunnenauscharte	4	+8,8	+550	= 28
29	7a	Scheidwangalpe - Rindalphorn - Gelchenwanger Kopf	4	+8	+570	= 28
30	7b	Scheidwangalpe - Rindalphorn - Au-Alpe	5,5	+11,5	+825	= 39
31	8	Aubachtal - Gündleskopf - Buralpkopf - Gatter Alpe	5,75	+11	+900	= 41
32	9	Gunzesried Säge - Stuiben - Sedererstuiben	5	+12	+900	= 40
33	10	Gunzesried - Vordere Krumbachalpe - Steineberg	5	+13,3	+850	= 40
34	11	Gunzesried - Tobelweg - Mittag - Vordere Krumbachalpe	3	+10	+600	= 28
35	12	Bühl - Großer Alpsee - Siedelalpe - Alpe Schönesreuth	2,25	+8,2	+280	= 18

Von Kapf nahe Halden zweigt die Mautstraße hoch zum Parkplatz Alpe Eck. Auf der Almstraße wird nach 1.500 Metern und 160 Höhenmetern die Bergstation Weltcup-Express erreicht.

Eine bequeme Alternative ist die Fahrt mit dem Sessellift von Ofterschwang hierher. Weiter führt der Panoramaweg hinauf zum 1.406 Meter hohen Gipfelkreuz des Ofterschwanger Horns.

Beim Abstieg Richtung Fahnengehren-Alpe geht es - vor der Alpe abzweigend - nach rechts nach Gunzesried. Zurück führt die, um 1.300 Meter kürzere Variante rechts abbiegend über die Weltcup-Hütte.

Die Rundstrecke folgt der Almstraße links abwärts in Richtung Gunzesried. Vor der Geißrückenalpe geht es rechts zur Alpe Eck.

Oben: Blick Nagelfluhkette Hochgrat bis Stuiben
1: Gipfelaussicht auf Rotspitz und Großer Daumen
2: Weltcup-Hütte an der Bergstation, Grüntenblick
3: Nahe Alpe Eck Blick Sonthofen, Illertal, Ostrachtal
4: Nagelfluhkette vom Hochgrat bis zum Steineberg
5: Vom Bolsterlanger Horn, Blick auf Großer Daumen
6: Bolsterlanger Horn Blick rechts auf Siplinger Kopf

Die beschilderte Straße zur Alpe und zum Parkplatz zweigt links nach der Hohe Brücke vor Gunzesried Säge ab. Die kurze Runde startet 996 Meter hoch beim Ostertal-Parkplatz oder im Tal am Parkplatz Gunzesried Säge.

Alternativ zum gebührenpflichtigen Parken ist das Parken an der Buhlsalpe für Gäste kostenfrei für den Spaziergang.

Beide Eingänge zum Tobelweg markieren Torbögen. Wer den Tobelweg aufwärts wandert hat bessere Ausblicke auf die Wasserfälle.

In Gunzesried Säge zweigt vom Birkachweg der Tobelweg durch den Torbogen zum Osterbach ab. Ein kurzer Abstecher zu Brotzeit oder Kuchen und Mitnahme von Almkäse zur gastlichen Alpe Gerstenbrändle ist lohnenswert.

Oben: Entspannen am Ufer des dritten Wasserfalls im Ostertaltobel
1: Eingang Ostertal-Tobelweg im Tal
2: Erster Wasserfall, Blick von der Bank am Tobelweg
3: Obere Stufe des zweiten Wasserfalls
4: Der dritte Wasserfall am Tobelweg
5: Am Rundweg lockt die Buhlsalpe zur Einkehr

Vom Parkplatz Gunzesried Säge geht es auf dem Ostertal-Tobelweg an den Wasserfällen aufwärts. Ohne Tobelweg ist die Tour 1.500 Meter kürzer und beginnt beim Parkplatz Ostertal. Nahe lädt alternativ die gastliche Buhls Alpe mit kostenfreiem Parken für Gäste zum Start ein.

Über den bequemen Hangweg Kempter Wald und einem Forstweg wird der Panoramaweg erreicht. Beim Abzweig zum Rangiswanger Horn steigt links der Bergweg hoch zum Gipfelkreuz des Ofterschwanger Horns. Der grandiose Blick auf die Allgäuer Berge belohnt den Aufstieg.

Beim Rückweg mündet ein Wiesenpfad in den Panoramaweg. Bald lädt die Weltcup-Hütte ein zur Einkehr. Beim Allgäuer Berghof führt links die Straße zum Parkplatz über die Geißrückenalpe.

Oben: Ofterschwanger Horn, Blick ins Illertal, dahinter Rotspitz, Großer Daumen, Nebelhorn, Rubihorn
1: Weltcup-Hütte an der Bergstation, Grüntenblick
2: Am Gipfelkreuz Aussicht in die Oberstdorfer Bergwelt
3: Blick nach Südost ins Illertal
4: Blick über Horn-Alpe, Sonthofen und Burgberg zum Grünten

Vom Ostertal zweigt die Almstraße links ab zur Holzschlag-Alpe und mündet danach in den Wald- und Wiesenpfad zum Ober-Älple. Schön sind die Rückblicke auf die Nagelfluhkette.

Eine Straße führt zur Rangiswanger-Alpe und ab dieser ein Pfad zum 1.560 Meter hohen Sattel. Zurück bietet sich der kürzere Panoramaweg an. Angenehmer ist das Wandern auf dem Hauptweg über das Rangiswanger Horn (1.616 Meter). Beide Strecken erfreuen mit schönen Blicken in die Bergwelt des Allgäus.

Nach der Fahnengehren-Alpe zweigt links auf der Straße der Weg unterhalb des Ofterschwanger Horns hinab nach Gunzesried.

Der gut angelegte, schattige Kemptner Waldweg führt zurück ins Ostertal zum Parkplatz.

Oben: Blick am Panoramaweg zur Fahnengehrenalpe und ganz rechts zum Kratzer
1: Nahe Holzschlagalpe Blick Stuiben und Steineberg
2: Rückblick zur Holzschlag-Alpe
3: Rangiswanger-Alpe Blick Rindalphorn, Buralpkopf
4: Am Sattel Blick Gais-, Rauhhorn, Rotspitz, Daumen
5: Höfatsblick am Abzweig zum Rangiswangerhorn
6: Blick auf Sonthofen, Burgberg, Grünten

Der Parkplatz wird über die Mautstraße von Gunzesried Säge erreicht. Die Tour kann - von Oberstdorf über den Riedbergpass kommend - alternativ in Balderschwang begonnen werden.

Nach Westen führt der Aufstiegsweg bequem über die Siplinger Alpe und den Siplinger Nadeln in etwa zweieinhalb Stunden. Der Aufstiegsweg ist sicher und gut angelegt.

Die letzte Viertelstunde helfen hunderte Stufen aus Holzbohlen den Gipfel zu erreichen. Der Abstieg führt unbequemer als der Aufstieg bis zur Hirschgund-Alpe.

Vorsicht: Unterhalb der verfallenen Hütte (1.400 Meter hoch) führt der Pfad kaum sichtbar zur Hirschgund Alpe. Ab hier führt die Straße in einer halben Stunde zum Parkplatz.

Oben: Blick nach Norden vom Siplinger Kopf zur Nagelfluhkette mit Hochgrat und Rindalphorn
1: Blick oberhalb Siplinger Alpe zum Rindalphorn
2: Blick auf Siplinger Nadel, Sedererstuiben, Stuiben

3: Vom Siplinger Kopf: Blick ins Illertal, Grünten
4: Abstieg: Blick Riedberger Horn und Allgäuer Berge
5: Nahe Hirschgundalpe: Hochgrat, Rindalphorn, Gündleskopf

Der Hochgrat ist mit 1.833 Metern Höhe der höchste Berg der Nagelfluhkette. Er wird von der 1.317 Meter hoch gelegenen, gastlichen Scheidwangalpe auf guten Wanderwegen leicht erreicht.

Zu Beginn zweigt links die Almstraße - vorbei am Leiterberg - ab zur Obergelchenwang-Alpe.

Dort führt ein breiter Wanderweg zur Bergstation der Hochgratbahn mit schönen Ausblicken von der Terrasse bis zu den Schweizer Bergen. Einige Minuten vor der gastlichen Bergstation steigt ein gut ausgebauter Bergweg zum Hochgratgipfel.

Der Abstieg auf dem Bergkamm führt hinab zur Brunnenauscharte. Vorbei an der Gütle- und Untergelchenwang-Alpe geht es auf der Almstraße zurück zur Scheidwang-Alpe.

Oben: Blick auf Siplinger Nadeln, Siplingerkopf (1.746m), Heidenkopf (1.685 m) und Girenkopf (1.683m)
1: Nahe der Scheidwangalpe zeigt sich der Hochgrat
2: Blick vom Hochgrat nach Süden
3: Blick am Leiterberg auf Brunnenauscharte und Rindalphorn
4: Blick zur Obergelchenwangalpe und Rindalphorn
5: Scheidwangalpe

Die teilweise unmarkierte Tour 7a spart bei guter Ortskenntnis 265 Höhenmeter. Sie zweigt weglos ab direkt an der Brücke rechts oder bei der Untergelchenwang-Alpe über Almen hoch zum Bergweg am Sattel zwischen Gelchenwangerkopf und Rindalphorn (1.821 Meter).

Die Tour 7b wird alternativ vom Parkplatz an der Hintere Au-Alpe gestartet. Nachteilig ist der lange An- oder Abstieg auf der Mautstraße.

Vorbei an der Vordere Rindalpe hinauf zur Gündlesscharte zweigt links der Bergsteig hoch zum Rindalphorn. Der Rückweg beider Touren erfolgt auf guten Wegen über den Gelchenwangerkopf und Brunnenauscharte zur Gütle-Alpe. Nach der Untergelchenwang-Alpe endet die Almstraße an der Scheidwang-Alpe.

Oben: Blick vom Rindalphorn über Buralpkopf und Gündleskopf ins Illertal
1: Scheidwangalpe
2: Blick Richtung Illertal
3: Blick nahe Rindalphorn Richtung Illertal
4: Blick nahe dem Gipfel Rindalphorn auf die Vordere Rindalpe
5: Von der Brunnenauscharte Blick zum Hochgrat

Von der Hintere Au-Alpe steigt die Almstraße zur Vordere Rindalpe. An ihr geht der Weg rechts durch die Viehweiden hinauf zur Gündlesscharte.

Von hier aus wird oft das 1.821 Meter hohe Rindalphorn besucht. Rechts aufwärts wird der Gündleskopf erreicht.

Der Pfad am Bergkamm führt zum Buralpkopf. Nach dem Abstieg an der Obere Sedererwände zweigt vom Sattel ein unmarkierter Pfad rechts abwärts. Am nahen Bachufer geht es Richtung Gatter-Alpe.

Nach dieser wird das Wandern auf der unmarkierten Straße bequem (stets links halten).

Kurz vor der Gabelung vor der Wiesle-Alpe geht es links zur Alpe Vorsäss 1. Auf der Mautstraße endet nach 45 Minuten die Tour.

Oben: Vordere Rindalpe auf 1.475 Meter mit Blick auf das Rindalphorn
1: Am Aufstieg zur Vordere Rindalpe
2: vom Buralpkopf Blick Stuiben und Sedererstuiben
3: Beim Abstieg Blick auf Tennenmoos- und Siplingerkopf, darunter Parkplatz Hintere Aualpe
4: Gündleskopf: Blick in die Allgäuer Bergwelt
5: Buralpkopf Blick Gündleskopf und Rindalphorn

Von Gunzesried Säge sind es gut zwei Stunden hinauf zum Stuiben. Über die Brücke der Gunzesrieder Ach beginnt die Tour Richtung Wiesach. Der Bergpfad steigt über die Rauhenberg-Alpe zum Sattel "Eck". Jetzt wird es lebhafter:

Die Besucher des Stuibens kommen - auch von Immenstadt aus - über die Gund-Alpe, den Mittag und Steineberg.

Den Abzweig nach links kurz vor dem Sattel zum Gipfel markiert ein Schild. Beim Rückweg wird wahlweise der Sedererstuiben besucht.

Hinab zum Sattel geht es kaum markiert über die Gatteralpe und nahe der Vordere Wiesle Alpe zur Mautstraße nach Gunzesried Säge. Am Ende der Straße lohnt eine Einkehr bei der gastfreundlichen Alpe Gerstenbrändle.

Oben: Stuiben Gipfelkreuz, Blick auf Buralpkopf und Rindalphorn
1: Blick vom Stuiben auf Kammpfad und Steineberg
2: Vom Sedererstuiben aus zeigt sich der Buralpkopf

3: Nahe den Oberer Sedererwände und Sattel
4: Unterhalb der Rothen Alpe Blick ins Aubachtal zum Siplinger Kopf

Von Gunzesried Säge geht es auf der Straße Richtung Reute. Mit Blick auf Gunzesried - vorbei an der Dürrehornalpe - lockt die Vordere Krumbachalpe zur Einkehr. Weiter den Hang empor mündet bald der Weg in die Fernwanderwege Richtung Steineberg.

Kurz vor dem Gipfel wird direkt über eine Leiter der Gipfel erreicht. Vom Steineberg aus führt die Strecke über den gut gesicherten Steig entlang des Bergkammes bis zum Eck. Hier kann der Stuiben mit 40 Minuten Aufstieg besucht werden.

Zurück zweigt der Bergpfad wenige Schritte in Richtung Stuiben über die Gratgasse ab nach Wiesach. Vorbei an der Winkelwies-Alpe wandert es sich bequem auf Almstraßen zurück zum Parkplatz.

Oben: Nahe vor dem Eck lockt der Stuiben zum Besuch
1: Über das Illertal Aussicht auf Rotspitz und Großer Daumen
2: Gipfelkreuz Blick auf Sonthofen und ins Ostrachtal
3: Im Norden zeigt der Blick Immenstadt und Iller
4: Obere Krumbachalpe Blick auf Altstädten, Rotspitz, Großer Daumen und Nebelhorn

Vom Parkplatz beginnt die Tour die Straße von Bihlerdorf nach Gunzesried querend beim großen Schild. Der Wiesenweg führt zur Gunzesrieder Ach. In der Ach fließen Wasserkaskaden über Nagelfluhgestein.

Nach der Brücke steigt ein Pfad nach Reute aufwärts. Wenige Schritte auf der Straße nach Gunzesried zweigt die Almstraße rechts hoch zur Käser-Alpe. Weiter oben lädt die Sennalpe Oberberg mit ihrer Terrasse zur Einkehr ein. Der direkte Weg zum Bärenköpfle ist etwas kürzer.

Empfehlenswert ist der Besuch der Mittagbahn Bergstation. Von dieser geht der bequeme Wanderweg mit Ruhebänken zum Bärenköpfle. Der Abstieg führt über die Vordere Krumbachalpe durch Gunzesried zum Parkplatz.

Oben: Am Bärenkopf, Blick über Vordere Krumbachalpe zum Großer Daumen, Nebelhorn und Rubihorn
1: Am Tobelweg Blick auf Gunzesrieder Ache
2: Ruhebank bei Käseralpe mit Blick auf Sonthofen
3: Unterhalb der Alpe Oberberg Blick auf Sonthofen und in das Ostrachtal
4: Blick vom Mittag auf die Sennalpe Oberberg

Vom Parkplatz beginnt der Aufstieg durch Wald und Wiesen zum Ort Zaumberg. Im Ort beim Wegekreuz links abbiegend, führt fast eben der breite Wanderweg zur Siedelalpe.

Hier lohnt sich der Abstecher zum nahen "Gipfelkreuz" auf 1.024 Meter Höhe. Am Rückweg zum See zeigen sich eindrucksvoll alte Bäume.

Von der Alpe Schönesreuth in Richtung Osten kürzt ein Wanderpfad hinab zum Alpsee den Rückweg ab.

Das spart den Abstieg auf der Almstraße nach Westen. Auf der Uferstraße kann in Alpseewies über den Bahnübergang zur Uferpromenade gewechselt werden. Ab hier klingt die Wanderung mit einem Spaziergang aus.

Oben: Siedelalpe Blick über Alpseen und Immenstadt auf Gaishorn, Rauhhorn, Rotspitz, Großer Daumen
1: Am Alpsee, nahe beim Strandbad, beginnt der Weg nach Zaumberg
2: Grüntenblick beim Aufstieg nach Zaumberg
3+4: Magische, alte Bäume beim Abstieg zur Schönesreuthe-Alpe
5: Blick von der Seepromenade zum Großer Daumen

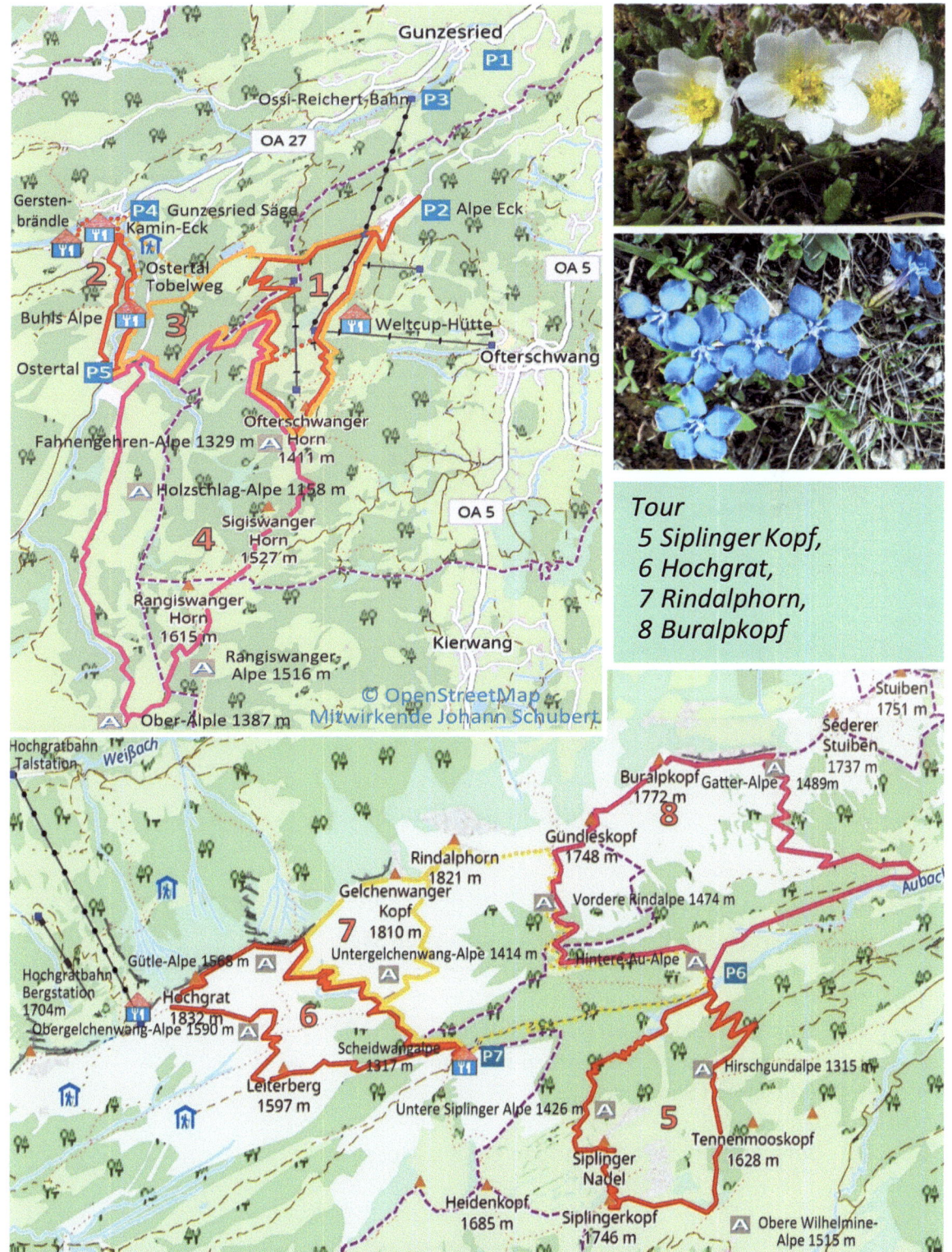

Gunzesried

P1

Ossi-Reichert-Bahn — P3

OA 27

Gersten-brändle
P4 Gunzesried Säge
Kamin-Eck
P2 Alpe Eck

OA 5

2 Ostertal Tobelweg

1

Buhls Alpe
3

Weltcup-Hütte

Ostertal P5

Ofterschwang

OA 5

Fahnengehren-Alpe 1329 m

Ofterschwanger Horn 1411 m

Holzschlag-Alpe 1158 m

Sigiswanger Horn 1527 m

4

Rangiswanger Horn 1615 m

Kierwang

Rangiswanger Alpe 1516 m

Ober-Alpe 1387 m

© OpenStreetMap
Mitwirkende Johann Schubert

Tour
5 Siplinger Kopf,
6 Hochgrat,
7 Rindalphorn,
8 Buralpkopf

Stuiben 1751 m

Sederer Stuiben 1737 m

Buralpkopf 1772 m
Gatter-Alpe 1489m

8

Gündleskopf 1748 m

Hochgratbahn Talstation
Weißbach

Rindalphorn 1821 m

Gelchenwanger Kopf 1810 m

Vordere Rindalpe 1474 m

Aubach

Untergelchenwang-Alpe 1414 m

Hintere-Au-Alpe
P6

Gütle-Alpe 1568 m

7

Hochgratbahn Bergstation 1704m
Hochgrat 1832 m
Obergelchenwang-Alpe 1590 m

6

Scheidwangalpe 1317 m
P7

Hirschgundalpe 1315 m

Leiterberg 1597 m

Untere Siplinger Alpe 1426 m

5

Tennenmooskopf 1628 m

Heidenkopf 1685 m

Siplinger Nadel

Siplingerkopf 1746 m

Obere Wilhelmine-Alpe 1515 m

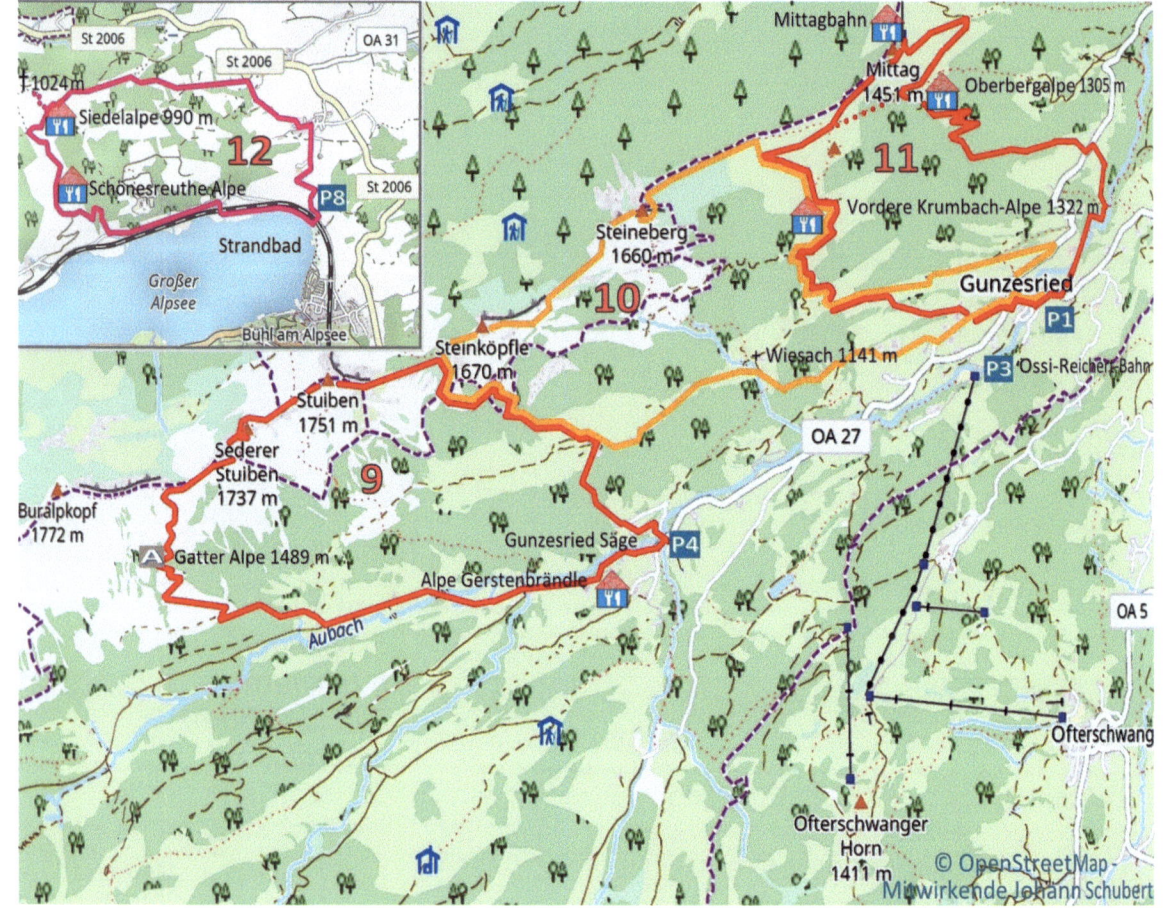

Beginn der Touren

Tour	Parkplatz
1	P2 - Kapf - Alpe Eck
2-3	P5 - Ostertal nahe Buhls Alpe, P4 Gunzesried Säge
4	P5 - Ostertal nahe Buhls Alpe
5, 8	P6 - Hintere Au-Alpe, Aubachtal
6	P7 - Scheidwangalpe und kurz davor an der Straße
7	P7 - Scheidwangalpe, P6 Hintere Au-Alpe
9	P4 - Gunzesried Säge
10-11	P1 - Gunzesried
12	P8 - Bühl, Immenstadt, Strandbad Großer Alpsee

Band	Tour	Stunden	km	Höhe m	Leistung	Titel Strecke (Alternative)
2	1	2,75	7,1	335	20 -	Alpe Eck - Ofterschwanger Horn
4	12	4	10	750	33 -	Altstädten - Hubertusfall - Altstädter Hof - Hinanger Wasserfall
2	8	5,75	11	900	41 -	Aubachtal - Gündleskopf - Buralpkopf - Gatter Alpe
3	1	5,25	12,4	950	42 -	Bad Hindelang - Hirschberg - Alpe Klank - Spieser
4	5	3,5	14	400	29 -	Berghofen - Berghoferwald Alpe - Kapf - Burgstalltobel
1	12	4,5	11,5	830	37 -	Bolsterlang - Rangiswangerhorn - Weiherkopf
1	9	5	16,5	475	36 -	Breitachklamm - Hörnlepass - Alpe Dornach
4	6	4	10,5	580	30 -	Breiten - Alpe Klank - Boaleskopf - Tiefenbacher Eck
2	12	2,25	8,2	280	18 -	Bühl - Großer Alpsee - Siedelalpe - Alpe Schönesreuth
4	3	2	8,7	150	16 -	Burgberg - Auf dem Ried - Höfle Rundweg - Knappenhock
4	1a	4	10	750	33 -	Burgberg - Burgberger Hörnle - Grüntenhaus - Schwandalpe
4	1	3	6	700	26 -	Burgberg - Burgberger Hörnle - Funkenweg - Grüntenhaus
4	2a	4,5	11	800	36 -	Burgberg - Grünten - Roßalpe
4	2	4	9	800	33 -	Burgberg - Grünten - Schwandalpe
3	11s	3,5	11,6	360	26 -	Bus - Giebelhaus - Schwarzenberghütte - Hinterstein
1	4	2,5	10	30	16 -	Fischen (Oberstdorf) - Illerursprung
3	10d	9	19	1.300	63 -	Giebelhaus - Engeratsgundsee - (Daumen) - Hinterstein
3	10t	6	12	1.025	45 -	Giebelhaus - Engeratsgundsee - Türle - Hinterstein
2	9	5	12	900	40 -	Gunzesried Säge - Stuiben - Sedererstuiben
2	11	3	10	600	28 -	Gunzesried - Tobelweg - Mittag - Vordere Krumbachalpe
2	10	5	13,3	850	40 -	Gunzesried - Vordere Krumbachalpe - Steineberg
2	3	3,75	10,6	460	27 -	Gunzesried Säge - Ostertal - Ofterschwanger Horn
2	2	1	3	80	7 -	Gunzesried Säge - Ostertal - Tobelweg - Buhls Alpe
2	5	4	8	700	30 -	Gunzesried, Aubachtal - Siplinger Nadeln - Siplinger Kopf
1	1a	5,25	11,2	1.050	43 -	Hinang, Sonthofen - Schnippenkopf - Gaisalpe
3	2	1,75	5,5	250	14 -	Hindelang - Nusche - Gailenberg
3	11b	2	8,4	170	16 -	Hinterstein - Giebelhaus - Bus
3	11	5,5	20	540	42 -	Hinterstein - Giebelhaus - Schwarzenberghütte ohne Bus
3	4	7	15,6	1.075	51 -	Hinterstein - Häbelesgund - Breitenberg
3	5	7	16,5	1.215	55 -	Hinterstein - Häbelesgund - Rotspitz - Alpe Mitterhaus
3	3	2,5	6,4	340	18 -	Hinterstein - Schleierfall - Cafe Horn
3	3h	3,5	9	565	27 -	Hinterstein - Schleierfall - Cafe Horn - Hornalpe
3	7	7,5	15	1.200	54 -	Hinterstein - Willersalpe - Bschiesser - Zipfelsalpe
3	12	8,75	19,5	1.409	65 -	Hinterstein - Willersalpe - Jubiläumsweg - Schrecksee
3	6	6,25	15,9	1.070	50 -	Hinterstein - Zipfelsalpe - Iseler - Vaterlandsweg
4	7	3	9,8	570	27 -	Imberg - Burgschrofen - Naturpark Strausberg
4	11	3,2	9	530	26 -	Imberg - Sonthofer Hof - Altstädter Hof - Strausberghütte
4	9	3,25	7,5	500	24 -	Imberg - Strausberg - Imberger Horn
1	8	1,5	5	10	8 -	Lorettokapelle - Promenadenweg - Stillach - Renksteg
4	8	4,25	11,8	750	35 -	Naturpark Strausberg - Cafe Horn - Sennalpe Mitterhaus
1	11	3	10	310	22 -	Obermaiselstein - Judenkirche - Tiefenbach
2	4	4,75	11,4	620	33 -	Ostertal - Rangiswanger Horn - Fahnengehren Alpe
1	7	6	22	990	54 -	Oytal - Käseralpe - Älpele Sattel - Gerstruben
1	2	7,5	12,3	1.311	54 -	Reichenbach - Entschenkopf - Gaisalpseen
1	3	7	15,2	1.335	56 -	Reichenbach - Rubihorn - Vordere Seealpe
1	10	3,5	8,1	620	28 -	Riedbergstraße - Schönbergalpe - Besler
4	4	2,25	6,9	240	16 -	Ruine Burgberg - Auf dem Ried - Starzlachklamm - Winkel
3	8	2,75	8,3	430	22 -	Schattwald - Stuibenalpe
2	6	4	8,8	550	28 -	Scheidwangalpe - Hochgrat - Brunnenauscharte
2	7b	5,5	11,5	825	39 -	Scheidwangalpe - Rindalphorn - Au-Alpe
2	7a	4	8	570	28 -	Scheidwangalpe - Rindalphorn - Gelchenwanger Kopf
1	1b	4,5	8,8	850	35 -	Schöllang, Oberstdorf - Schnippenkopf - Gaisalpe
4	10	2,5	9	150	16 -	Sonthofen - Ostrachtal - Imberg - Margarethen
1	5	6,75	14,5	926	47 -	Spielmannsau - Kemptner Hütte - Mädelekopf
1	6	10,5	20,5	1.775	77 -	Spielmannsau - Mädelegabel - Alpe Eschbach
3	9	7,5	17,1	1.145	55 -	Tannheim - Älpele - Gaishorn - Vilsalpsee

Bild: Hubertus Kapelle an der Giebelstraße mit Blick auf den Giebel

Touren-Verzeichnis und Leistungsbedarf

Seite, Tour	Titel Strecke	Stunden	km	Höhe m	Leistung
39, 1	Bad Hindelang - Hirschberg - Alpe Klank - Spieser	5,25	+ 12,4	+ 950	= 42
40, 2	Hindelang - Nusche - Gailenberg	1,75	+ 5,5	+ 250	= 14
41, 3	Hinterstein - Schleierfall - Cafe Horn	2,5	+ 6,4	+ 340	= 18
41, 3h	Hinterstein - Schleierfall - Cafe Horn - Hornalpe	3,5	+ 9	+ 565	= 27
42, 4	Hinterstein - Häbelesgund - Breitenberg	7	+ 15,6	+ 1075	= 51
43, 5	Hinterstein - Häbelesgund -Rotspitz - Alpe Mitterhaus	7	+ 16,5	+ 1215	= 55
44, 6	Hinterstein - Zipfelsalpe - Iseler - Vaterlandsweg	6,25	+ 15,9	+ 1070	= 50
45, 7	Hinterstein - Willersalpe - Bschiesser - Zipfelsalpe	7,5	+ 15	+ 1200	= 54
46, 8	Schattwald - Stuibenalpe	2,75	+ 8,3	+ 430	= 22
47, 9	Tannheim - Älpele - Gaishorn - Vilsalpsee	7,5	+ 17,1	+ 1145	= 55
48, 10d	Giebelhaus - Engeratsgundsee - Daumen - Hinterstein	9	+ 19	+ 1300	= 63
48, 10t	Giebelhaus - Engeratsgundsee - Türle - Hinterstein	6	+ 12	+ 1025	= 45
49, 11	Hinterstein - Giebelhaus - Schwarzenberghütte ohne Bus	5,5	+ 20	+ 540	= 42
49, 11b	Hinterstein - Giebelhaus - Bus	2	+ 8,4	+ 170	= 16
50,11s	Bus - Giebelhaus - Schwarzenberghütte - Hinterstein	3,5	+ 11,6	+ 360	= 26
50, 12	Hinterstein - Willersalpe - Jubiläumsweg - Schrecksee	8,75	+ 19,5	+ 1409	= 65

Die Tour beginnt ab dem Busbahnhof oder dem Aussichtspunkt Nusche über das Steinköpfle zum Hirschberg. Vom Gipfelkreuz mit Blick ins Ostrachtal geht es über den Gipfel zur Alpe Klank mit grandiosen Rundblick von der Terrasse aus.

Die alternative, kürzere Tour führt bequem auf der Almstraße hinab zum Startpunkt. Bei der längeren Route wird ein Hochmoor und der Spieser besucht. Abwärts nach dem Kleiner Steinpaßsattl lädt die Hirschalpe ein mit schönen Ausblicken in das Ostrachtal und auf die Bergwelt.

Vorbei am steilen Fels des Hirschberges führt ein gesicherter Steig in den Hirschbachtobel. Hier zeigen sich die eindrucksvollen Wasserfälle. Hinab zum Busbahnhof oder zum Ort Nusche über das Cafe Polite endet die Tour.

Oben: Hirschberg, Blick Ornach und Tannheimer Tal
1: Vom Kreuz am Hirschberg Blick ins Ostrachtal
2: Hirschberg, Blick Ornach, Tannheimer Tal, Kühgundspitze, Iseler
3: Alpe Klank: Daumen, Rotspitz, Nebelhorn, Imberger Horn, Entschenkopf
4: Ins Tal nach Schlierberg auf dem Weg zum Spieser
5: Hirschalpe: Hochvogel, Daumen, Imberger Horn

Der Aussichtsort Nusche mit kleinem Parkplatz an der Straße nach Gailenberg begeistert mit seinem Panoramablick. Von hier aus führen einige Wanderwege nach Gailenberg, zum Hirschberg und Spieser.

Nach Gailenberg zweigt nach wenigen Schritten Richtung Alpe Klank ein aussichtsvoller Weg ab. Ab dem Ortsende führt ein guter Wanderweg über den Schachentobel zur Aussicht "Lugaus". Eine Bank lädt hier mit schönem Ausblick zur Rast ein. Dann führt die Tour auf der Straße den Hang hoch.

Auf 1.140 Meter Höhe geht es rechts eben weiter auf der vom Bildstöckle kommenden Almstraße. An der Einmündung in den zur Klankalpe hinauf führenden Höfleweg geht es hinab zum Parkplatz Nusche.

Oben: Bad Hindelang und Bad Oberdorf mit Iseler, Blick ins Ostrachtal
1: Aussichtspunkt Nusche, Blick zum Hirschberg
2: Nusche Blick Bad Hindelang, Kühgundkopf, Iseler
3: Nusche Blick ins Illertal auf die Nagelfluhkette
4: Vom Schachentobel Blick auf das Imberger Horn
5: Aussichtsstelle Lugaus, Blick über das Ostrachtal zum Iseler und Breitenberg

Die Straße querend geht es zum nahen Schleierfall hinauf. Aussichtsreich führt der Vaterlandsweg Richtung Bruck.

Nach der Holzbrücke über die Ostrach steigt ein Waldpfad hoch zur Hornkapelle. Von hier wird das nahe gelegene Horn-Cafe mit Aussicht auf die Hindelanger Berge erreicht. Der nahe Breitenberg und die Rotspitz locken zu weiteren Touren.

Die kürzere Variante führt auf der Almstraße und dem Wanderpfad zurück zum Parkplatz. Wer weitere Ausblicke auf Iseler, Bschiesser, Gaishorn, Rauhhorn, Kugelhorn und in das Hintersteiner Tal genießen will, wandert die Almstraße hinauf in Richtung Hornbahn zur Hornalpe.

Von dort führt eine Almstraße und später ein gut begehbarer Wandersteig hinab zum Parkplatz.

Oben: Blick zwischen Kapelle und Cafe Horn ins Hintersteinertal
1: Der Zugang zum Schleierfall
2: Der Schleierfall

3: Die Hornkapelle
4: Das Cafe Horn mit Breitenberg im Hintergrund
5: Blick zur Rotspitz, nach wenigen Metern Aufstieg zur Hornalpe

Gegenüber des Parkplatzes Säge beginnt über die Brücke die Rundstrecke. Der Jägersteig führt aufwärts durch das Retterschwangertal. Nach der Ruhebank "Hinter der Kelle" windet sich die Schotterstraße zum Häbelesgund hoch. Auf 1.456 Meter führt links die Wanderung zum Breitenberg.

Am Bergkamm beginnt rechts der Pfad über den Klettersteig Hohe Gänge zur Rotspitz. Hier kann wahlweise der etwas höhere, zweite Gipfel des Breitenberges besucht werden. Linker Hand ist in wenigen Minuten das Kreuz des vorderen Gipfels erreicht.

Der Abstieg über die Alpe Älpe endet im Hintersteiner Tal. Hier geht es einige Kilometer am Ufer der Ostrach entlang zurück zum Parkplatz Hinterstein Säge.

Oben: Vom Breitenberg Blick ins Hintersteinertal auf Gaishorn und Rauhhorn
1: Vor im unteren Platz Blick Bad Hindelang, Oberjoch
2: Im unteren Platz Blick auf Rotspitz im Hintergrund

3: Beim Aufstieg im Häblesgund zum Breitenberg zeigt sich die Rotspitz
4: Unterhalb des Bergrückens zum Breitenberg Blick zum Imberger Horn

Der Start ist in Bad Hindelang, Ortsteil Bruck am Parkplatz Säge. Nach Überqueren der Straße und Brücke führt der Jägersteig bequem durch den Hangwald ins Retterschwanger Tal.

Von der Bank an der Kehlbachrinne zeigen sich die Sonnenköpfe. Wenige Meter später beginnt der Aufstieg auf der Almstraße zum Im Unter'n Platz. Hier beginnt ein kurvenreicher Steig steil über den Häbelesgund rechts hinauf zum Berggrat. Drahtseile helfen bei den kurzen, ausgesetzten Stellen. Der bequeme Steig über die Haseneggalpe eignet sich besser zum Abstieg als der teilweise mit Geröll bedeckte Aufstieg.

Die Sennalpe Mitterhaus oder später das Cafe Horn laden zur Einkehr ein. Hier oder ab der Kapelle Horn führen Wege zurück zum Parkplatz.

Oben: Am Gipfel Blick über Heubatspitze auf Gaishorn, Rauhhorn, Kugelhorn
1: Aufstieg vom Häbelesgund zum Rotspitz-Bergsattel
2: Vor dem Bergsattel der Rotspitz
3: Rückblick auf den Aufstiegsweg
4: Auf dem Bergkamm zeigt sich die Rotspitz
5: Blick nach Sonthofen ins Illertal, rechts Imberger Horn und Grünten

Von Hinterstein an der Kirche führt der Waldpfad vorbei an den Wasserfällen des Zipfelbachs. Der Aufstieg schenkt schöne Blicke in die Hindelanger Bergwelt. Nach dem Wald zeigt sich die Zipfelsalpe. Von ihr führen Wege zum Bschiesser, Ponten und Iseler oder nach Tirol ins Tannheimer Tal.

Als Ziel wird der Iseler besucht. Tausend Meter hoch über Bad Hindelang zeigen sich Grünten, Gimpel, Hochvogel, Breitenberg, Daumen und weitere Berge. Der Abstieg führt zur Oberen Bergstation des Iseler-Sesselliftes. Wahlweise kürzt dieser und die Busfahrt den Rückweg.

Auf dem stillen Palmweg nach Bad Oberdorf, dem Bergwacht- und Vaterlandsweg wandert es sich angenehm bis Bruck. Entlang der Ostrach endet die Tour in Hinterstein.

Oben: Vom Iseler Blick über Tannheim zum Gimpel, Kellenspitze und Zugspitze
1: Nahe der Zipfelsalpe Blick auf Daumen, Rotspitz, Heubatspitze, Breitenberg
2: Einer der Zipfelsfälle
3: Blick von der Zipfelsalpe auf den Bschiesser
4: Blick vom Iseler-Sattel auf Gaishorn und Bschiesser
5: Rückblick auf Kühgundkopf beim Abstieg vom Iseler

Prachtvoll sind die Ausbicke auf die Hindelanger Berge bei Morgensonne vom Köpfle aus. Ein Waldpfad steigt leicht an und mündet nach den Wildfräuleinstein in den steiler ansteigenden Wanderweg hinauf zur einladenden Willersalpe.

Nach dem Aufstieg zum Zirleseck wird an der Grenze Tirols der Blick frei auf das Tannheimer Tal mit Blick auf den imposanten Gimpel.

Der Bschießer fasziniert nach dem langem Kammweg und kurzem Anstieg auf dem Steig mit dem Rundblick vom Grünten bis zum Hochvogel. Leicht bergab lädt bald gastlich die Zipfelsalpe ein.

Vorbei an den rauschenden Zipfelsfällen führt der Steig nach Hinterstein. Für das Fotografieren der Fälle bei besseren Lichtverhältnissen lohnt sich, die Tour Richtung Zipfelsalpe zu starten.

Oben: Vom Bschießer Blick zum Großer Daumen, ganz links Hochvogel
1: vom Aussichtsplatz Köpfle Blick ins Hintersteiner Tal
2: Blick zurück über das Ostrachtal
3: Willersalpe mit Daumen und Rotspitz
4: Blick vom Zirlesegg auf das Gaishorn
5: Zipfelsalpe mit Blick auf den Bschießer

Vom Parkplatz Wannenjochbahn, Schattwald führt der bequeme Wanderweg am Stuibenbach zur Mittlere Stuibenalpe.

Alternativ ist die 1.358 Meter hoch gelegene Alpe mit der Bahn auf 1.570 Meter fahrend und dann abwärts wandernd erreichbar. Beim Aufstieg auf breitem Wege kommen einem dank dieser Aufstiegshilfe viele Wanderer entgegen.

Aufwärts wandernd zeigen sich Bschießer und Ponten. Nahe der Stuibenalpe lockt das Schild "Sackgasse" zum Abstecher mit Aussichten auf Gimpel, Köllenspitze und Tannheimer Tal.

Auf dem Rückweg hinab auf Almstraßen über das Pontental sind weitere Berge zu sehen - wie Rohnenspitze, Gimpel, Köllenspitze, Einstein und Sorgschrofen.

Oben: Blick ins Tannheimer Tal auf Zöblen und Einstein
1: Aufstieg von Schattwald zur Stuibenalpe, Blick auf den Bschießer
2: Stuibenalpe mit Bschießer
3: Blick über das Tannheimer Tal zum Einstein
4: Tannheim mit Gimpel und Köllenspitze
5: Von einer der Ruhebänke ist die Rohnenspitze zu sehen

Zur Alpe Älpele führt die Almstraße auf 1.525 Meter. Nahe der Alpe zeigt sich das Gipfelkreuz des Gaishorns. Beim Wegweiser zum Zirleseck beginnt links leicht ansteigend der Pfad entlang des Schnurschrofens zur Feldalpe.

Am Bergrücken Richtung Gaishorn endet der steinige Steig. Weglos aber markiert geht es steil den Geröllhang hoch. Am Bergkamm zwischen Gaishorn und Gaiseck wird der Blick frei nach Westen. Auf dem Bergpfad belohnt bald der 2.249 Meter hohe Gipfel mit großartigem Rundblick.

Aus dem Tal grüßt der Vilsalpsee. Der Abstieg zum Vilsalpsee ist bequem bis unter dem Gaiseckjoch. Dann geht es unbequem über viele Steinstufen hinab. Vier Kilometer spart, wer den letzten Bus um 18 Uhr zum Parkplatz erreicht.

Oben: Vom Gaishorn Blick über den Vilsalpsee zur
    Zugspitze und Lailachspitze
1: Älpele Alpe
2: Gipfelkreuz Gaishorn, im Hintergrund die Zugspitze

3: Rückblick auf Älpele mit Einstein
4: Gaishorn
5: Vom Gaishorn Blick auf Rauhhorn, dahinter Hochvogel,
    links Urbeleskarspitze

Vom Giebelhaus starten beide Touren in Richtung Schwarzenberger Hütte oder über den Steig vom Engeratsgundhof zur Käser-Alpe. Ziel der Tour D ist der Großer Daumen, bei Tour T das Türle. Beim Engeratsgundsee zweigt die Tour D links über den Laufbichlsee und Sattel zum Daumen. Über den Daumengrat wird das Türle erreicht. Die Tour T führt direkt hoch zum Türle.

Das große Bild und Bild 4 zeigen Ausblicke beim halbstündigen Abstecher vom Türle Richtung Daumen. Unterhalb vom Auf dem Falken lockt ein Pfad zum Sattel mit Blick auf den Kleiner Daumen.

Vom Türle zweigt der Steig über die Niggenalpen ins Nickental. Der lange Weg über die Mösle Alpe nach Hinterstein hilft alternativ, wenn der letzte Bus beim Das Älpele nicht mehr erreichbar ist.

Oben: Blick Richtung Höfats auf dem Weg zum Daumen oberhalb Türle
1: Vom Engeratsgundhof zur Käser-Alpe, Giebelblick
2: Alpe Engeratsgund (Gündleshütte), Hochvogelblick

3: Engeratsgundsee beim Aufstieg zum Türle mit Großer Daumen
4: Blick auf den zweiten Daumengipfel (2.273m)
5: Blick aus dem Nickental auf Pfannenhölzer

Die Tour von Hinterstein zum Giebelhaus schenkt schöne Blicke auf die Hindelanger Berge. 160 Höhenmeter sind auf der 8 Kilometer langen, für den allgemeinen Verkehr gesperrten Giebelhausstraße und breiten Wegen bequem zu wandern.

Der Bus fährt stündlich zum Giebelhaus und zurück. Das an jeder Stelle der Straße Ein- und Aussteigen erlaubt Wandern auf Teilstrecken.

Der Bus fährt sommers bis 18 Uhr 15. Bereits das Wandern zwei Stunden im Tal der Ostrach zwischen Auf der Höh und Giebelhaus ist ein schönes Naturerlebnis.

Der Aufstieg über Engeratsgundhof, Käseralpe zur Schwarzenberghütte ist lohnenswert. Hinab geht es zur Giebelstraße nahe Hubertuskapelle. Die Busfahrt spart sechs Kilometer wandern.

Oben: Ostrach mit Giebel im Hintersteiner Tal
1: Blick in ein Seitental vom Hintersteiner Tal von der Giebelhausstraße
2: Blick ins Oberbergtal nahe beim Engeratsgundhof
3: Nahe Käser-Alpe Blick auf Großer Daumen
4: Blick auf Laufbichlkirche nahe der Käser-Alpe
5:Blick nahe Schwarzenberghütte auf Käser-Alpe und Laufbichlkirche

Der teilweise steile Weg führt 1.456 Meter hoch zur Willersalpe. Hier beginnt der Jubiläumsweg zum 2.048 Meter hohen Gaiseckjoch mit Blick zum Vilsalpsee. Es lockt ein Besuch des Gaishorns auf 2.249 Meter in 45 Minuten. Der Weg führt hinab auf 1.824 Meter und hoch zur Hintere Schafwanne auf 1.974 Meter. Die ist auch über das 2.240 Meter hohe Rauhhorn vom Gaiseckjoch erreichbar.

Bald ist der Schrecksee zu sehen. Der Abzweig vom Jubiläumsweg führt am Schrecksee vorbei in das Hintersteinertal. Der Weg für den Almauftrieb ist teilweise mit Drahtseilen gesichert.

Ab dem Kraftwerk Auele kann die Tour mit der Busfahrt, möglich bis 18 Uhr 20, beendet werden. Verlockend ist aber das aussichtsreiche Wandern zurück zum Parkplatz.

Oben: Beim Schäferkopf Blick auf den Vilsalpsee
1: Blick auf die Willersalpe beim Aufstieg von Hinterstein
2: Jubiläumsweg nahe vor dem Gaiseckjoch (Gaisegg)
3: Blick auf dem Großer Daumen und Rotspitz nahe der

Hintere Schafwanne
4: Abstieg vom Jubiläumsweg zum Schrecksee
5: Gedenkstätte am Schrecksee

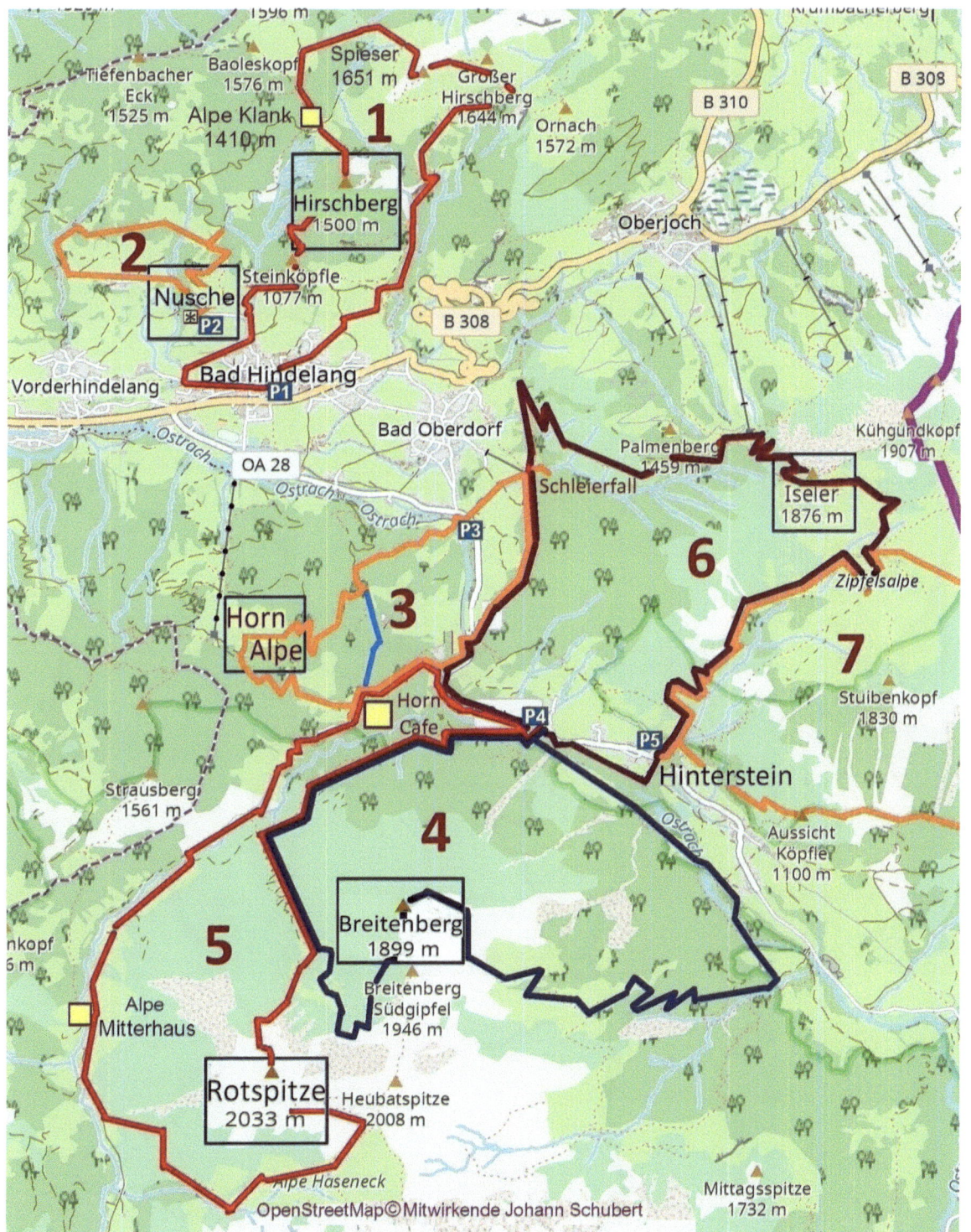

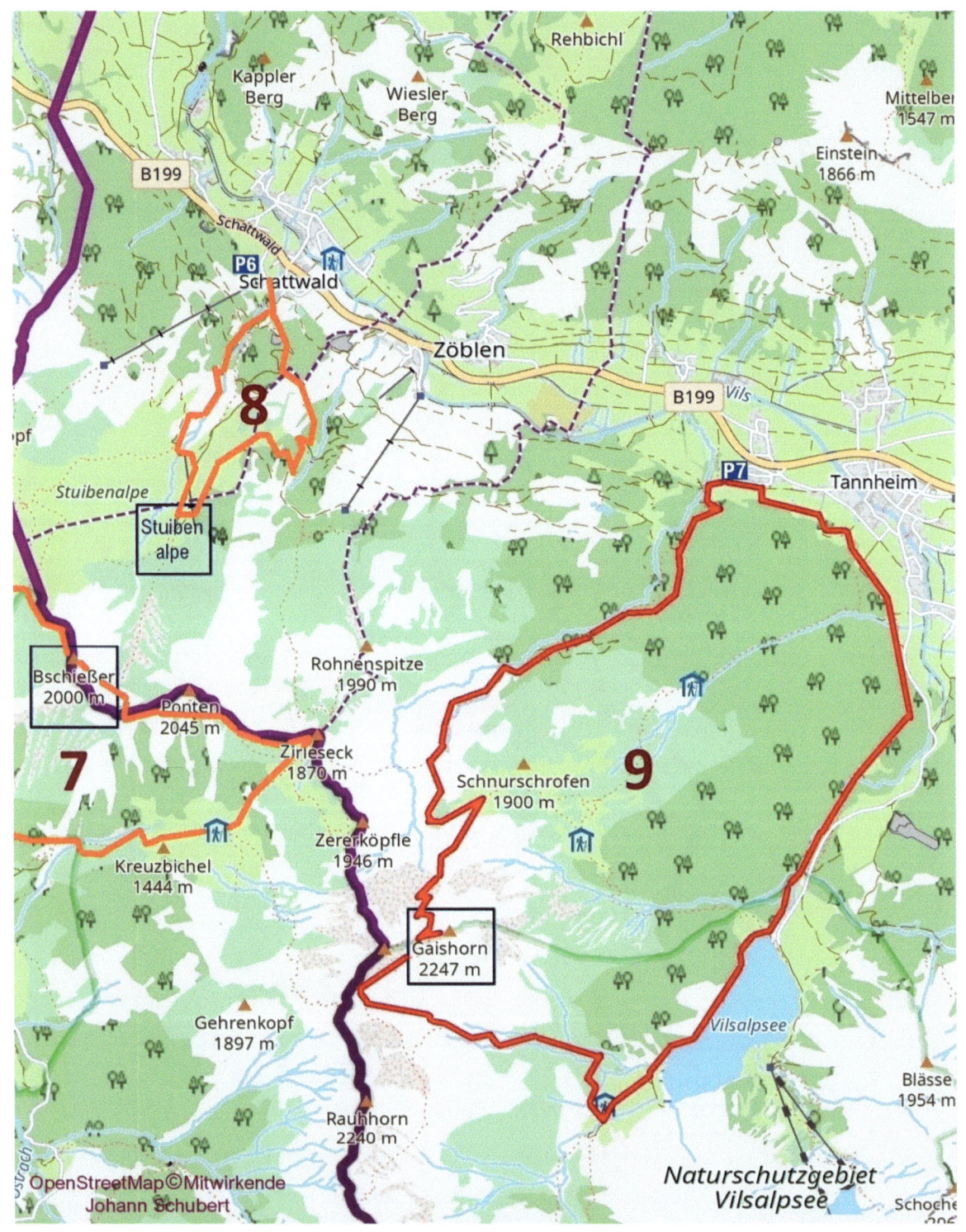

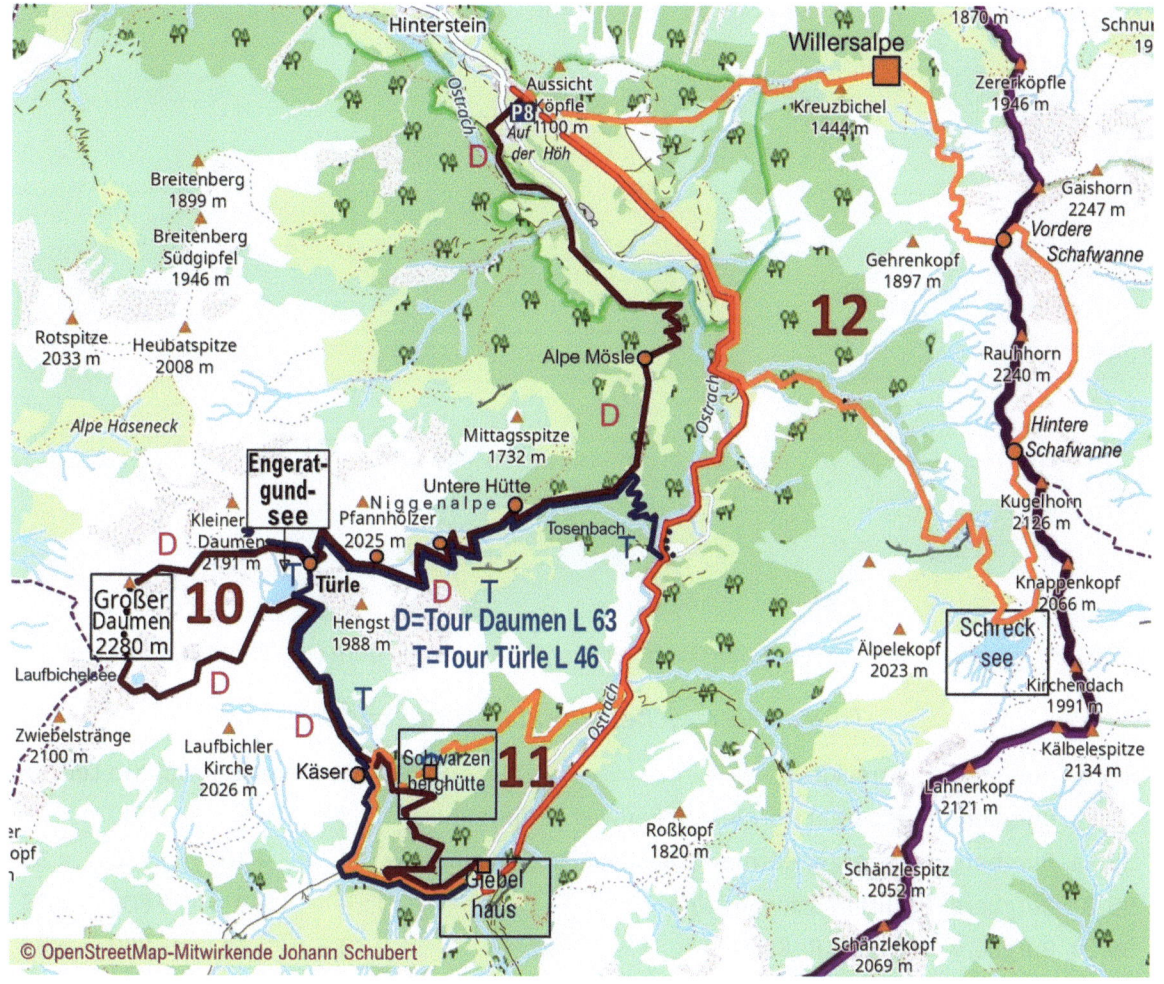

Beginn der Touren

Bild: Nahe Parkplatz Strausberg Blick auf Sonthofner Hörnle auf dem Weg zur Strausbergalpe

Touren-Verzeichnis und Leistungsbedarf

Die längere Tour 1 führt Richtung Grüntenhaus und über den kurzen, gesicherten Klettersteig zum Burgberger Hörnle. Zurück über den Steig lädt das Grüntenhaus ein mit schönen Ausblicken über Sonthofen auf die Allgäuer Berge.

Über die Obere Schwand-Alpe und Kehr-Alpe geht es zum Berggasthof Alpenblick. Hier oder an den Parkplätzen bis Burgberg endet die Tour.

Bei der Tour 1a zweigt auf dem Weg zum Grüntenhaus links auf 1.140 Meter Höhe der Funkenweg ab. Beim Aufstieg zum Burgberger Hörnle schenkt dieser Bergsteig schöne Ausblicke ins Iller- und Ostrachtal.

Zurück über den Klettersteig zu den Parkplätzen zwischen Alpenblick und Burgberg lohnt ein Besuch des nahen Grüntenhauses.

Oben: Blick vom Burgberger Hörnle ins Illertal auf Immenstadt und Alpsee
1: Vom Funkenweg Blick über Sonthofen nach Süden
2: Am Funkenweg nahe des Burgberger Horn Gipfels
3: Blick auf Grüntenhaus vom Weg zur Schwand-Alpe
4: Grüntenhaus Blick Sonthofen und Burgberger Hörnle
5: Blick über Obere Schwandalpe auf Imberger Horn, Daumen und Nebelhorn

Die kürzere Tour 2 führt über den Aufstieg zum Grüntenhaus. Empfehlenswert ist der kurze Abstecher über den gesicherten Klettersteig zum Burgberger Hörnle mit schönen Rundblick.

Beim gastlichen Grüntenhaus beglückt die schöne Aussicht auf die Allgäuer Berge. Weiter geht es vorbei am Sender des Grünten zum Jägerdenkmal auf dem Übelhorn. Über die Zweifelgehren-Alpe und Obere Schwandalpe zurück endet die Tour nahe dem Berggasthof Alpenblick.

Bei der Tour 2a beginnt der Abstieg vom Übelhorn Richtung Grüntenhütte. Vor der Hütte zweigt rechts ein Pfad zur Roßalpe. Hier führt die Straße nach Osten abwärts zum Höfle Rundweg. Bald führt rechts ein Wanderweg zur alten Roßalpstraße und Höfle Rundweg Richtung Parkplatz.

Oben: Der Gipfel Übelhorn mit Jägerdenkmal
1: Roßalpstraße vor Abzweig Wanderweg zur alten Roßalpstraße
2: Auf dem Weg zwischen Roßalpe und Grüntenhütte
3: Blick auf Grüntenhütte und Rottachsee
4: Bank am Jägerdenkmal, Blick Gigglstein, Wertach, Grüntensee
5: Gedenkkreuz am Übelhorn

Auf dem Ried beim Berggasthof Alpenblick beginnt gut beschildert der aussichtsreiche Höfle Rundweg vorbei an der Kehralpe ins Starzlachtal. Ein schöner Waldpfad führt nach einer Stunde abwärts zur Königsstraße.

Alternativ empfiehlt sich links der Abstecher zur zehn Minuten entfernten, gastfreundlichen Dreiangelhütte. Rechts lädt die Erzgruben Erlebniswelt

mit dem Kiosk "Knappenhock" nach 50 Minuten ein. Hier ist das Wertacher Hörnle und der nah aufragende Grünten mit Sender und Jägerdenkmal zu sehen. Inklusive Abstecher zur Dreiangelhütte dauert die Wanderung etwa zweieinhalb Stunden.

Die ausblicksvolle Variante zurück über die Roßbergalpe beschreibt der Wanderbericht.

Oben: Erzgruben Erlebniswelt Blick auf Grünten mit Sender und Denkmal
1: Auf dem Ried Alpengasthof Alpenblick
2: Blick vom Höfleweg auf Grünten und Burgberger Hörnle
3: Vom Höfleweg Blick zum Wertacher Hörnle
4: Erzgruben Erlebniswelt Museum und Kiosk "Knappenhock"

Die Tour beginnt von Burgberg, Blumenstraße nach links und dann rechts Am Bichel zur Burgruine Burgberg. Straße und Weg führen zum Auf dem Ried, Gasthof Alpenblick. Hier erfreuen schöne Ausblicke auf Grünten, Sonthofen und ins Illertal bis zur Oberstdorfer Bergwelt.

Von der der Straße zur Alpe Topfen zweigt rechts der Starzlachklammweg ab. Er führt durch Wiese und Bergwald hinab zur Starzlach. Wegen eines Bergrutsches bleibt als Rückweg nur der gut ausgebaute und gesicherte Steig durch die, vom Mai bis Oktober geöffnete Starzlachklamm.

Die Kraft des Wassers zeigen Wasserfälle und Kaskaden. Am Ende der Klamm lockten Brotzeit und Getränke beim Klammwirt, der auch für die Pflege des Klammweges eine Gebühr erhebt.

Oben: Wasserfall am unteren Klammeingang mit Jausenstation "Klammwirt"
1: Starzlachklamm mit Starzlachklammweg
2: Das Burgberger Hörnle zeigt sich beim Aufstieg zum

Auf dem Ried
3: Nahe Alpe Topfen durch die Wiese beginnt der Starzlachklamm-Wanderweg

An der Kapelle von Berghofen führt ein Wanderweg nach Winkel. Nach 900 Metern geht es rechts auf der Mautstraße zur Alpe Berghoferwald.

Einige Meter zurück zweigt links eine Almstraße aufwärts. Vor dem Straßenende steigt ein Waldweg hoch nach Moosrauft. Auf der Almstraße rechts wandernd begeistert bald der schöne Blick in die Bergwelt beim Aussichtspunkt Kapf.

Alternativ zur Straße nach Unterried geht es westlich weglos zum Wald. Hier gilt es, am Hang rechts den Waldpfad zum Kapfkreuz zu finden.

Weiter auf dem Bergrücken markiert ein kleines Kreuz den zweiten, aussichtsreicheren Gipfel. Bald geht es links zur Almstraße nach Unterried.

Nach dem Ort führt rechts der Weg durch den Burgstalltobel nach Berghofen.

Oben: Blick auf die Alpe Berghoferwald mit Grünten
1: Terrasse Alpe Berghoferwald mit Blick zum Wertacher Hörnle
2: Vom Kapf Blick auf Sonthofen und Hörnergruppe

3: Unterried, Sonthofen Blick auf Grünten
4: Wasserfälle im Burgstalltobel - Tobelweg nach Berghofen
5: Gipfelkreuz Kapf 1.165 Meter

Von Sonthofen führt ab Breiten die Mautstraße zum Parkplatz. Richtung Bildstöckle beginnt die Wanderung auf der Straße. Ein Wiesenpfad zur Wickkapelle kürzt alternativ die Tour etwas ab.

Rechts weist ein Schild nach Gailenberg und zur Alpe Klank. Ab Gschwend geht es die Almstraße abwärts. Wahlweise verkürzen Waldwege mit schönen Ausblicken die Strecke.

Beim Abzweig auf der Straße bleibend wird der Höfle Weg auf 1.095 Meter erreicht. Links hoch, an der Wendelinskapelle vorbei, lädt die gastliche Alpe Klank mit aussichtsvoller Terrasse ein.

Rechts geht es hinauf zum Boaleskopf. Der Rückweg auf dem bewaldetem Bergrücken des Tiefenbacher Ecks zum Bildstöckle und weiter zum Parkplatz dauert je 45 Minuten.

Oben: Boaleskopf Blick auf Spieser und Kühgundspitze
1: Blick auf Imberger Horn von Gschwend
2: Wendelinkapelle nahe der Alpe Klank
3: Sonnenterrasse Alpe Klank, Ausblick
4: Von Gschwend zum Höfleweg, Hindelanger Berge
5: Am Höfleweg Blick Breitenberg, Rotspitz, Imberger Horn
6: Blick vom Boaleskopf auf den Hirschberg

Von Imberg begleiten schöne Ausblicke in das Ostrachtal den sanft bergab führenden Weg über Groß nach Liebenstein. Dann geht es aufwärts auf dem Blörcha-Weg zur Blörcha-Alpe.

Vom Burgschrofen sind Spieser, Hirschberg, Sorgschrofen, Bschiesser, Gaishorn und weitere Berge zu sehen. Vom Ostrachtal grüßt Sonthofen und Bad Hindelang. Östlich zeigt sich das Tannheimer Tal. Westlich geht der Blick zur Nagelfluhkette. Im Norden lockt das nahe Imberger Horn zum Besuch. Wahlweise geht es zuück über die Neue Strausberg Alpe und Strausberghütte.

Hinab zur Strausberghütte werden die Blicke frei auf Rotspitz und Daumen. Rückblickend grüßt das Imberger Horn. Im Süden sind die Oberstdorfer Berge und das Kleinwalsertal zu sehen.

Oben: Blick vom Burgschrofen zum Grünten
1: Nahe Imberg Blick auf Kühgundkopf, Iseler und Bschießer
2: Blick über Groß auf Spieser und Hirschberg
3: Blick Burgschrofen vom Weg zur Strausberghütte
4: Auf dem Burgschrofen, Blick Kühgundkopf, Iseler und Bschießer
5: An der Strausberghütte Blick zum Imberger Horn

Der Naturpark Strausbergmoos ist ein Teil des Naturschutzgebietes Allgäuer Hochalpen. Von Imberg führt die Mautstraße zum Parkplatz.

Die Tour umrundet meist auf Almstraßen das Imberger Horn. Erst lädt das Berggasthaus "Zum Oberen Horn" am Hornlift zur Rast ein und später das Cafe Horn im Retterschwangertal mit Aussicht auf Rotspitz und Breitenberg.

Taleinwärts lockt die Sennalpe Mitterhaus zur Einkehr. Zurück über den Straussattel geht es auf beiden Seiten des Hochmoors auf bequemen Wegen zurück zum Ausgangspunkt. Von Mittwoch bis Sonntag lockt die Strausberghütte zum Besuch.

Der Blick auf Rotspitz und Daumen von der sonnigen Terrasse aus ist ein schöner Abschluss der Tour.

Oben: Weg vom Hornlift Gasthaus zum Cafe Horn Blick auf den Breitenberg
1: Oberhalb Strausberghütte Blick auf Imberger Horn
2: Vom Hornlift Gasthaus zeigen sich Gaishorn, Rauhhorn, Kugelhorn
3: Hinab zum Cafe Horn lockt die Rotspitz zum Besuch
4: Nahe Cafe Horn Blick auf Gais-, Rauh- und Kugelhorn
5: Kapelle Horn, im Hintergrund die Rotspitz

Die Mautstraße führt von Imberg zum Parkplatz Naturpark Strausberg. Zu Fuß ist es eine Stunde zum Naturpark vom Parkplatz an der Mautstelle. Ein schattiger Weg kürzt die Mautstraße ab.

Vom Parkplatz geht es Richtung Strausbergalpe zum Strausbergsattel. Hier zweigt links der Bergsteig zum Strausberg hoch. Beim Aufstieg sind Rotspitz, Nebelhorn und Entschenkopf zu sehen.

Strausberg und Imberger Horn verbindet ein Kammpfad mit Blicken zum Breitenberg und ins Hintersteiner Tal mit Gais- und Rauhhorn.

Das Imberger Horn begeistert mit Ausblicken ins Iller-, Ostrach-, Tannheimer- und Retterschwangertal. Der Waldweg hinab endet an einem Aussichtsplatz mit Bänken. Hier führt links der Weg zur Straße und weiter zur Strausberghütte.

Oben: Blick Hintersteiner Tal, Imberger Horn Iseler, Bschiesser, Ponten, Gais-, Rauh- und Kugelhorn
1: Blick Retterschwangertal, Rotspitz bis Entschenkopf
2: Blick vom Gipfel: Spieser, Oberjoch, Tannheimer Tal

3: Weg zur Strausberghütte, Blick auf Imberger Horn
4: Nahe Parkplatz Weg zum Strausbergsattel, Blick auf Rotspitz und Daumen
5: Gipfelkreuz Imberger Horn

Die Tour innerhalb Sonthofens schenkt schöne Ausblicke auf die Ostrach und die Hindelanger- und Oberstdorfer Bergwelt. Gestartet wird in der Ostrachstraße nahe Grüntenstraße. Hier geht es am Ostrachufer in Richtung Bad Hindelang.

Der Anstieg nach Imberg beginnt nach der Unterführung der Hindelanger Straße. An der Straße nach Imberg kürzt links ein Fußpfad die Strecke ab.

Nahe der Kapelle Imbergs führt ein Steig rechts hinab nach Margarethen. Am Ortsende zweigt links ein Wiesenpfad nach Sonthofen. Sehr schön zeigen sich die Hindelanger- und Oberstdorfer Berge vom Kreuz am Wege unter zwei Bäumen.

Nach dem Waldspielplatz Schwäbele Holz mündet der Weg in die Straße nach Sonthofen. Spazierend durch Sonthofen endet die Tour.

Oben: Vom Wegekreuz Blick zum Imberger Horn
1: Zwischen Sonthofen und Bad Hindelang am Ostrachufer Blick zum Imberger Horn
2: Rotspitz und Imberger Horn zeigen sich hinter der Imberger Kapelle
3: Zwischen Imberg und Margarethen Blick von der Forststraße zum Grünten
4: Nahe Kreuz am Weg von Hofen Blick zum Rubihorn

Von Imberg zum Naturschutzgebiet Strausberg zweigt von der Mautstraße rechts eine Forststraße Richtung Sonthofer Hof ab und mündet in einen Wanderpfad. Dieser quert den Löwenbach und steigt hoch zur Mautstraße zum Sonthofer Hof.

Die Alpe lädt ein zu Brotzeit, Kaffee und Kuchen. Die Variante (im Plan orange) ohne Besuch des Altstädter Hofes führt auf der Almstraße Richtung Strausbergsattel bis zum Abzweig zur Strausberghütte. Auf der Straße zweigt unmarkiert ein Pfad zum Beilenberger Hof und auf der Straße zum Altstädter Hof. Die Blicke gehen über das Illertal zur Hörnergruppe, Nagelfluhkette und Grünten.

Bald nach der Michael-Schuster-Hütte lädt die Strausberghütte ein. Auf der Mautstraße geht es zurück nach Imberg.

Oben: Blick vom Sonthofer Hof auf Imberger Horn.
1: Auf der Straße zum Naturpark Strausberg Blick Rotspitz und Sonthofer Hörnle
2: Aufstieg Löwenbach - Mautstraße Sonthofer Hof
3: Zwischen Altstädter Hof und Abzweig Strausberghütte Blick auf Rotspitz
4: Nahe Altstädter Hof Illertal und Burgberger Hörnle
5: Nahe Altstädter Hof zeigt sich das Imberger Horn

Vom Parkplatz Schwimmbad Altstädten führt gut gesichert der Steig mit einigen Stufen aus Natursteinen zum Hubertusfall und ins Leybachtal. Nach dem Blick zurück zum Wasserfall endet der Steig an der Mautstraße zum Altstädter Hof.

Vorbei am Kreuz mit Bank beginnt rechts ein Pfad durch den Wald zum Höll- und Leybachtobel. Am Leybach entlang mündet der Weg in die Straße zum Altstädter Hof. Hier zeigt sich von der Terrasse das Illertal und die Allgäuer Bergwelt.

Weiter auf der Almstraße geht der Hangpfad rechts hinab zur Sonnenklause. In Richtung Hinang zweigt rechts der Straße der Weg zum Hinanger Wasserfall. Kaskaden begleiten den gut ausgebauten Weg. Vor Hinang führt rechts der breite Wanderweg zurück nach Altstädten.

Oben: Von der Terrasse Altstädter Hof Blick ins Illertal und zum Burgberger Hörnle
1: Hubertusfall nahe Altstädten im Leybachtal
2: Mautstraße zum Altstädter Hof, Blick zum Grünten
3: Oberhalb des Altstädter Hofes Blick ins Illertal
4: Sonnenklause, im Hintergrund die Hörnergruppe
5: Hinanger Wasserfall
6: Nach Hinang Blick zurück zum Rubihorn

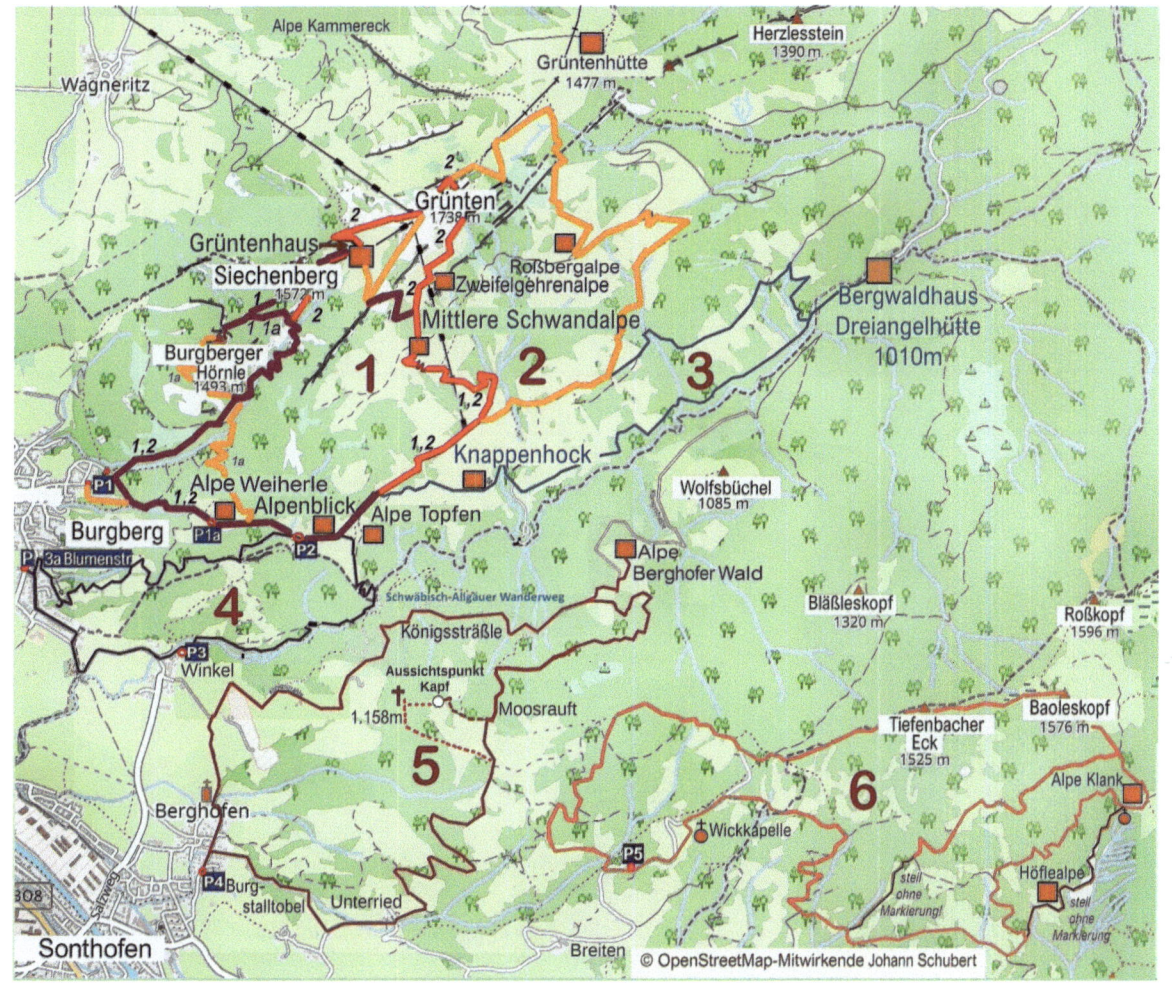

Beginn der Touren

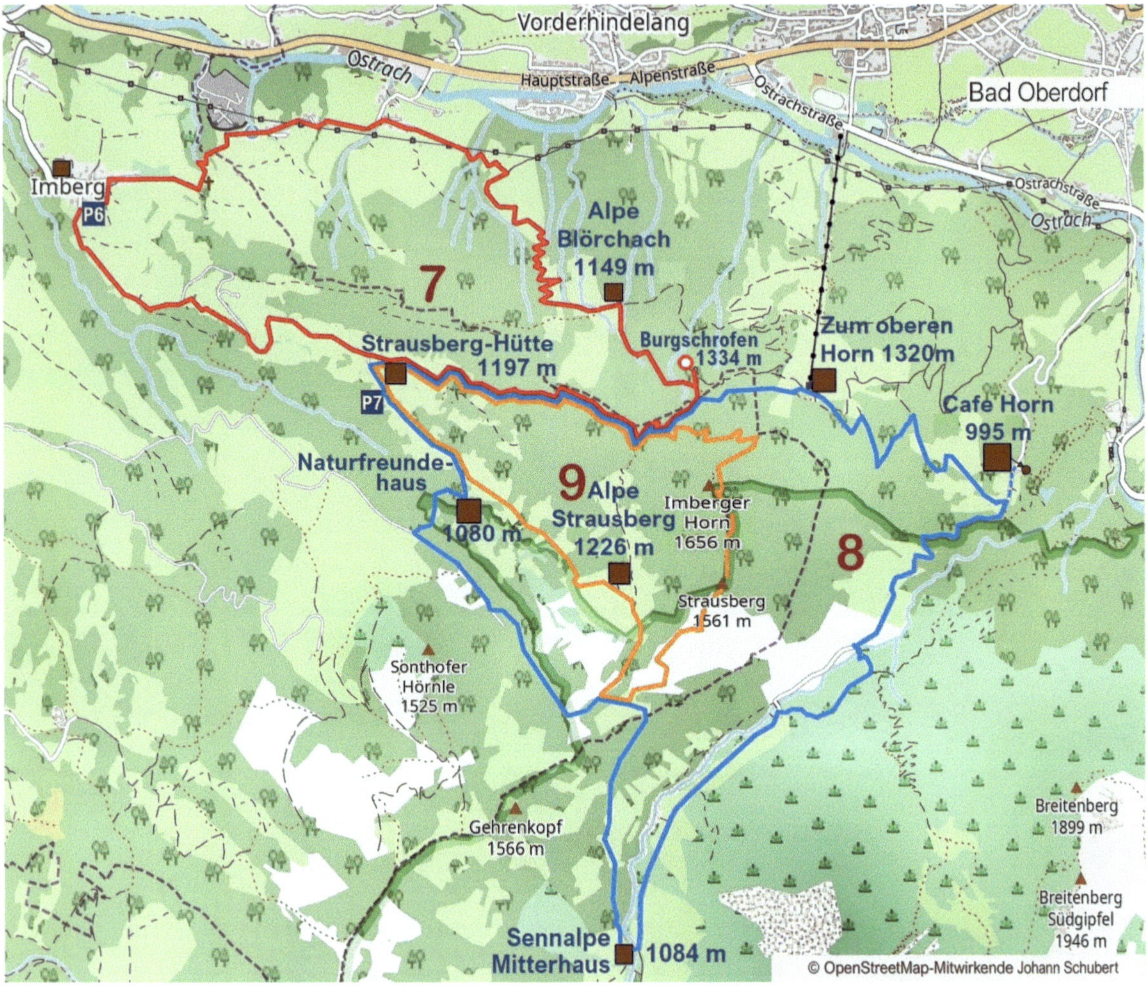
Vorderhindelang
Ostrach
Hauptstraße
Alpenstraße
Ostrachstraße
Bad Oberdorf
Ostrachstraße
Ostrach
Imberg
P6
Alpe Blörchach 1149 m
7
Strausberg-Hütte 1197 m
Burgschrofen 1334 m
Zum oberen Horn 1320m
Cafe Horn 995 m
P7
Naturfreunde-haus
1080 m
9
Alpe Strausberg 1226 m
Imberger Horn 1656 m
8
Strausberg 1561 m
Sonthofer Hörnle 1525 m
Gehrenkopf 1566 m
Breitenberg 1899 m
Breitenberg Südgipfel 1946 m
Sennalpe Mitterhaus
1084 m
© OpenStreetMap-Mitwirkende Johann Schubert

Bildbände des Autors

Wandern Oberstdorf und Naturpark Nagelfluhkette
Bildband 24 Touren im Allgäu
ISBN: 9 783 752 813 586

Wandern Bad Hindelang Tannheim Sonthofen
Bildband 24 Touren im Allgäu
ISBN: 9 783 748 157 762

Wandern von Oberstdorf und Sonthofen bis Bad Hindelang
Bildband 48 Touen im Allgäu
ISBN: 9 783 749 498 307

Der Bildband "48 Touren" vereint mit gleichem Inhalt und kürzerer Beschreibung die Touren der beiden Bände "24 Touren". Die Bände sind im www.bod.de/buchshop/ und im Buchhandel erhältlich.

Johann Schubert
Wandern Oberstdorf und Naturpark Nagelfluhkette
Bildband 24 Touren im Allgäu

Johann Schubert
Wandern Bad Hindelang Tannheim und Sonthofen
Bildband 24 Touren im Allgäu
Bad Hindelang - Hinterstein - Tannheim - Schattwald
Sonthofen - Burgberg - Imberg - Altstädten

Johann Schubert
Wandern von Oberstdorf und Sonthofen bis Bad Hindelang
Bildband 48 Touren im Allgäu

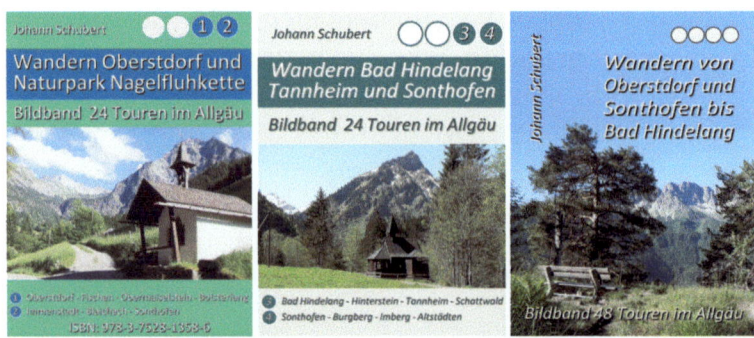

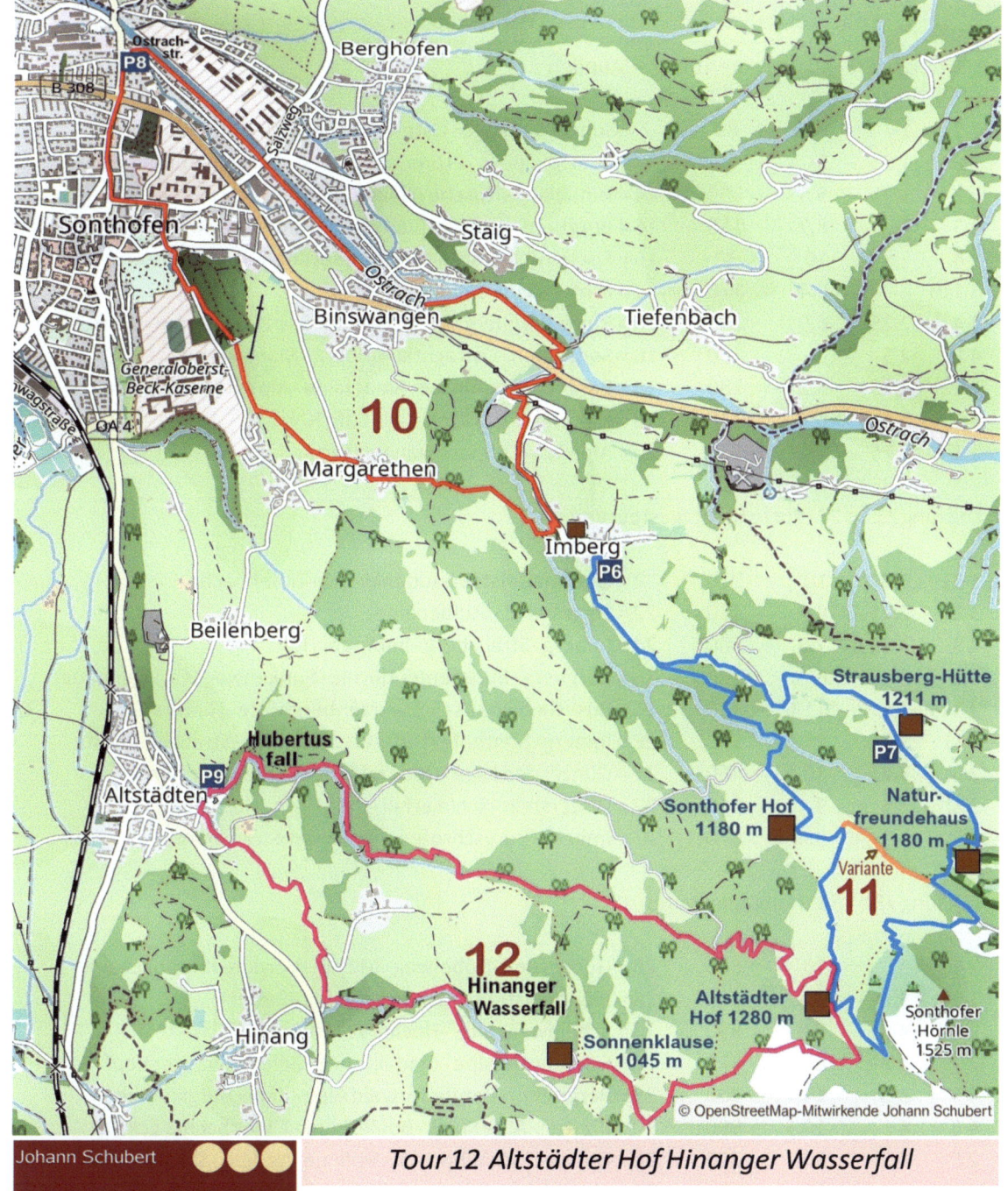

Tour 12 Altstädter Hof Hinanger Wasserfall

Johann Schubert

Wohlfühlorte im Allgäu
Bildband bezaubernde Wanderziele in vier Ferienregionen

Wohlfühlorte im Allgäu Bildband
bezaubernde Wanderziele in vier
Ferienregionen
ISBN: 9 783 7392 2914 0

Band Tour	Stunden	km	Höhe m	Leistung	Titel (Alternative) Strecke

Leistung bis 20 - Kurze Touren bis drei Stunden

Band Tour	Stunden	km	Höhe m	Titel (Alternative) Strecke
2 2	1	3	80	7 = Gunzesried Säge - Ostertal-Tobelweg - Buhls Alpe
1 8	1,5	5	10	8 = Lorettokapelle - Promenadenweg - Stillach - Renksteg
3 2	1,75	5,5	250	14 = Hindelang - Nusche - Gailenberg
4 3	2	8,7	150	16 = Burgberg - Auf dem Ried - Höfle Rundweg - Knappenhock
1 4	2,5	10	30	16 = Fischen (Oberstdorf) - Illerursprung
3 11b	2	8,4	170	16 = Hinterstein - Giebelhaus - Bus
4 4	2,25	6,9	240	16 = Ruine Burgberg - Auf dem Ried - Starzlachklamm - Winkel
4 10	2,5	9	150	16 = Sonthofen - Ostrachtal - Imberg - Margarethen
2 12	2,25	8,2	280	18 = Bühl - Großer Alpsee - Siedelalpe - Alpe Schönesreuth
3 3	2,5	6,4	340	18 = Hinterstein - Schleierfall - Cafe Horn
2 1	2,75	7,1	335	20 = Alpe Eck - Ofterschwanger Horn

Leistung 21 bis 27 - Kurze Halbtagestouren

Band Tour	Stunden	km	Höhe m	Titel (Alternative) Strecke
1 11	3,0	10	310	22 = Obermaiselstein - Judenkirche - Tiefenbach
3 8	2,75	8,3	430	22 = Schattwald - Stuibenalpe
4 9	3,25	7,5	500	24 = Imberg - Strausberg - Imberger Horn
4 1	3	6	700	26 = Burgberg - Burgberger Hörnle - Funkenweg - Grüntenhaus
3 11s	3,5	11,6	360	26 = Bus - Giebelhaus - Schwarzenberghütte - Hinterstein
4 11	3,2	9	530	26 = Imberg - Sonthofer Hof - Altstädter Hof - Strausberghütte
2 3	3,75	10,6	460	27 = Gunzesried Säge - Ostertal - Ofterschwanger Horn
3 3h	3,5	9	565	27 = Hinterstein - Schleierfall - Cafe Horn - Hornalpe
4 7	3	9,8	570	27 = Imberg - Burgschrofen - Naturpark Strausberg

Leistung 28 bis 33 - Halbtagestouren

Band Tour	Stunden	km	Höhe m	Titel (Alternative) Strecke
2 11	3	10	600	28 = Gunzesried - Tobelweg - Mittag - Vordere Krumbachalpe
1 10	3,5	8,1	620	28 = Riedbergstraße - Schönbergalpe - Besler
2 6	4	8,8	550	28 = Scheidwangalpe - Hochgrat - Brunnenauscharte
2 7a	4	8	570	28 = Scheidwangalpe - Rindalphorn - Gelchenwanger Kopf
4 5	3,5	14	400	29 = Berghofen - Berghoferwald Alpe - Kapf - Burgstalltobel
4 6	4	10,5	580	30 = Breiten - Alpe Klank - Boaleskopf - Tiefenbacher Eck
2 5	4	8	700	30 = Gunzesried, Aubachtal - Siplinger Nadeln - Siplinger Kopf
4 12	4	10	750	33 = Altstädten - Hubertusfall - Altstädter Hof - Hinanger Wasserfall
4 1a	4	10	750	33 = Burgberg - Burgberger Hörnle - Grüntenhaus - Schwandalpe
4 2	4	9	800	33 = Burgberg - Grünten - Schwandalpe
2 4	4,75	11,4	620	33 = Ostertal - Rangiswanger Horn - Fahnengehren Alpe

Band Tour	Stunden	km	Höhe m	Leistung Titel (Alternative) Strecke

ab Leistung 34 - Kürzere Tagestouren

Band Tour	Stunden	km	Höhe m	Leistung Titel (Alternative) Strecke
4 8	4,25	11,8	750	35 = Naturpark Strausberg - Cafe Horn - Sennalpe Mitterhaus
1 1b	4,5	8,8	850	35 = Schöllang, Oberstdorf - Schnippenkopf - Gaisalpe
1 9	5	16,5	475	36 = Breitachklamm - Hörnlepass - Alpe Dornach
4 2a	4,5	11	800	36 = Burgberg - Grünten - Roßalpe
1 12	4,5	11,5	830	37 = Bolsterlang - Rangiswangerhorn - Weiherkopf
2 7b	5,5	11,5	825	39 = Scheidwangalpe - Rindalphorn - Au-Alpe
2 9	5	12	900	40 = Gunzesried Säge - Stuiben - Sedererstuiben
2 10	5	13,3	850	40 = Gunzesried - Vordere Krumbachalpe - Steineberg

ab Leistung 41 - Mittlere Tagestouren

Band Tour	Stunden	km	Höhe m	Leistung Titel (Alternative) Strecke
2 8	5,75	11	900	41 = Aubachtal - Gündleskopf - Buralpkopf - Gatter Alpe
3 1	5,25	12,4	950	42 = Bad Hindelang - Hirschberg - Alpe Klank - Spieser
3 11	5,5	20	540	42 = Hinterstein - Giebelhaus - Schwarzenberghütte ohne Bus
1 1a	5,25	11,2	1050	43 = Hinang, Sonthofen - Schnippenkopf - Gaisalpe
3 10t	6	12	1025	45 = Giebelhaus - Engeratsgundsee - Türle - Hinterstein
1 5	6,75	14,5	926	47 = Spielmannsau - Kemptner Hütte - Mädelekopf
3 6	6,25	15,9	1070	50 = Hinterstein - Zipfelsalpe - Iseler - Vaterlandsweg
3 4	7	15,6	1075	51 = Hinterstein - Häbelesgund - Breitenberg
3 7	7,5	15	1200	54 = Hinterstein - Willersalpe - Bschiesser - Zipfelsalpe

ab Leistung 54 - Längere Tagestouren

Band Tour	Stunden	km	Höhe m	Leistung Titel (Alternative) Strecke
1 7	6,0	22	990	54 = Oytal - Käseralpe - Älpele Sattel - Gerstruben
1 2	7,5	12,3	1311	54 = Reichenbach - Entschenkopf - Gaisalpseen
3 5	7	16,5	1215	55 = Hinterstein - Häbelesgund - Rotspitz - Alpe Mitterhaus
3 9	7,5	17,1	1145	55 = Tannheim - Älpele - Gaishorn - Vilsalpsee
1 3	7,0	15,2	1335	56 = Reichenbach - Rubihorn - Vordere Seealpe
3 10d	9	19	1300	63 = Giebelhaus - Engeratsgundsee - (Daumen) - Hinterstein
3 12	8,75	19,5	1409	65 = Hinterstein - Willersalpe - Jubiläumsweg - Schrecksee
1 6	10,5	20,5	1775	77 = Spielmannsau - Mädelegabel - Alpe Eschbach

Die Liste ist sortiert nach der Leistung (Leistungsbedarf). Das hilft beim Planen der Touren und ergibt sich aus einem Punkt je:

- 1 KILOMETER WANDERSTRECKE,
- 30 MINUTEN GEHZEIT UND
- 50 METER HÖHENDIFFERENZ.

Inhaltsverzeichnis